칸트와 AI의 만남

김상현

박영사

프롤로그Prologue

저자는 철학이나 컴퓨터를 전공한 사람이 아니다. 그런데도 칸트의 비판철학과 AI의 만남을 시도하는 이 글을 쓰게 된 사연을 밝히는 것이 좋겠다. 저자가 칸트철학에 재미를 느끼고 틈틈이 공부하던 중에, 기계학습 연구자인 레슬리 밸리언트(Leslie Valiant) 교수의 '기계학습을 다시 묻다(Probably Approximately Correct)'라는 책을 읽게 되었다. 밸리언트는 이 책에서 '사람의 지능은 환경에 적응하는 과정에서 생성된 진화와 학습의 결과물이고, 이 학습 과정이 기계학습으로 설명될 수 있다'는 이론을 펼쳤다.

사람의 지능이 어떻게 생성되는지, 사람은 살면서 세계의 사물을 어떻게 인식하는지, 그 인식의 한계는 어디인지를 밝히는 것은 칸트철학의 출발점이기도 하다. 칸트가 구상한 사람의 인식모델은 밸리언트의 "사람의 지능은 환경에 적응하는 과정에서 생성된 진화와 학습의 결과물이다."라는 것과 큰 차이가 없다. 그래선지 밸리언트의 책을 읽으면서 컴퓨터 기계학습의 작동원리가 칸트의 인식모델의 작동원리와 상통하는 데가 많다는 것을 발견했다. 칸트의 인식모델을 기계학습으로 구현되는 인공지능(Artificial Intelligence, AI)에 대응해 보면 어떤 결과가 나올지? 그 결과가 궁금해지기 시작했다.

이 호기심의 발동으로 AI 쪽은 튜링기계, 기계학습, 딥러닝, 생성형 AI의 작동원리가 무엇인지를 살펴봤다. 칸트철학 쪽은 3대 비판서인 '순수이성비판', '실천이성비판', '판단력비판'을 읽었는데, 내용이 너무 어렵고 방대해서 칸트철학의 핵심을 응축하는 것이 필요했다. 프랑스의 철학자인 들뢰즈(Gilles Deleuze)가 쓴 '칸트의 비판철학'과 독일의 철학자인 회페(Otfried Höffe)가 쓴 '임마누엘 칸트'가 칸트의 3대 비판서를 읽고 요약하는 데 큰 도움이 되었다. 그다음 AI 모델들과 비교하면서 유사점과 차이점을 찾았는데, 이 과정에서 칸트철학과 AI가 더 잘 이해되고 정리되는 것을 느꼈다.

칸트철학을 통하면 사람의 지능과 AI의 작동원리와 그 한계가 더 잘 이해되는 것이다. 그 이유는 무엇일까? 칸트는 근대과학이 출현하던 시대에서 과학과 수학의 성과를 흡수하며 세계에 대한 인식과 사람의 삶에 대한 철학을 재정립했다. 들뢰즈는 칸트철학의 요약서인 '칸트의 비판철학'에서 칸트철학의 '혁명적 면모'를 재발견했다는 소감을 밝혔다. 칸트가 근대에 제시했던 사람과 세상에 대한 새로운 시각은 AI가 출현한 현대에서도 그 신선함이 유지되고 있는 것이다.

현재 AI는 자율주행, 로봇, 의료, 금융 등 기술·산업 분야뿐만 아니라 교육, 예술, 법률 등 지적 활동의 전 분야에서 사람의 지능을 따라잡고 있다. 이 글에서는 AI가 어떤 원리에 의해 작동되기에 사람의 지적 능력에 근접할 수 있는지를 칸트철학으로 분석한다.

칸트는 앎(인식, 眞), 삶(실천, 善), 느낌(아름다움, 美)의 세 가지 영역에서 사람의 지적 활동이 어떤 원리에 의해 작동되는지를 밝혔다.

첫째, 칸트는 '순수이성비판'에서 '나는 무엇을 알 수 있는지'의 원리를 파헤친다. 칸트는 건축가가 설계도에 따라 집을 짓듯이, 사람의 경험적 지식도 설계도에 따라 축적되는 것으로 봤다. 즉, 사람은 경험 이전에 선천적으로 갖추어져 있는 공통의 인식시스템에 따라 각자 다른 경험적 인식을 쌓아간다고 한다. 한편 튜링(Alan Turing)은 사람이 하는 계산을 튜링기계(Turing Machine)라는 모형으로 재현했다. 튜링기계가 오늘날의 컴퓨터다. 저자는 칸트의 설계도와 튜링의 모형이 매우 닮았음을 발견했다. 또한 칸트가 찾아낸 상상력과 판단력의 창조적 활동 원리가 프로그램을 스스로 찾아가는 기계학습의 작동방식과 빼닮았다는 것을 발견했다. 이 두 가지 닮음이 단순히 개괄적으로 유사한 것을 넘어, 부분과 전체가 유기적으로 닮았는지를 살펴본다.

둘째, 칸트는 '실천이성비판'에서 '나는 무엇을 해야 할지'에 대해 사유한다. 칸트의 실천철학은 자유의지와 도덕법칙을 두 축으로 한다. 사람이 어떻게 자기의식과 자유의지를 가지는지에 대한 칸트의 설명을 토대로 AI가 자기의식이나 자유의지를 가질 수 있는지에 대해 검토한다. 그다음 AI의 발전단계별 사회적, 윤리적 문제를 칸트의 도덕철학의 관점에서 살펴본다.

셋째, 칸트는 '판단력비판'에서 아름다움의 느낌을 미학의 단계로 발전시켰다. 이 글에서는 들뢰즈의 예술론인 '감각의 논리'와 저자의 심미적 체험인 '지음(知音)과 심상(心象)'을 가미하여 칸트 미학의 깊이를 더하고자 했다. 예술 분야에서의 AI의 활용 현황을 살펴보고, 감정 없는 AI가 미적 판단을 할 수 있는지, 예술의 어느 단계까지 도달할 수 있는지를 가늠해 본다.

　칸트의 마음에 대한 철학적 통찰은 AI에 대한 새로운 이해의 체계(프레임워크)와 AI가 실현되는 사회에서 사람이 어떻게 살아가야 하는지에 대한 풍부한 생각의 실마리들로 가득 차 있다.

차례Contents

Chapter 02 사변적 인식과 AI

Chapter 03 칸트의 실천철학과 AI

Chapter 04 칸트의 심미론과 AI

Chapter 01

들어가며

1. 몇 가지 마음 능력으로 이루어진 내 안의 정신세계

사람 외에도 많은 생명체가 지구 환경에 적응하며 살아가고 있다. 칸트에 따르면, 사람은 다른 생명체들의 것과는 구별되는 특유의 마음의 시스템을 가지고 있다고 한다. 문화가 다르고 세대가 다르더라도 인류라면 공통으로 가지는 마음의 시스템이고, 경험 이전에 선천적으로 갖추고 있으며, 경험을 가능하게 한다는 의미에서 '선험적 형식'이라고 칭했다. 사람의 마음 또는 정신(의식)을 채우고 있는 내용물은 경험을 통해 얻어지고 기억된다. 그 경험의 내용물은 백지상태1)에서 의식되는 것이 아니라, 마음속의 선험적 형식에 맞추어져 담긴다는 것이다.

칸트는 '모든 경험 이전에 놓여 있는 경험의 조건'이 뭔지 찾아내기 위해 사람의 마음속으로 들어갔다. 이 마음의 틀은 사람의 외부에서 구할 것이 아니라서 감추어져 있을 수 없다. 또 매우 적은 분량이라고 추측되기 때문에 그 가치 유무를 충분히 판정할 수 있다고 예상했다.

칸트는 사람 마음의 능력을 감성, 상상력, 지성, 이성으로 세분한다. 감성은 오감을 통해 사물을 감지하는 능력이다. 예컨대 꽃을

---

1) 뇌과학자인 '리사 펠드먼 배럿'도 '인간의 마음은 선천적인 것이 하나도 없는 백지상태에서 환경이 하라는 대로 되어가는 것이 아니다. 우리는 다양한 종류의 마음을 구성하도록 다양한 방법으로 배선 될 수 있는 기본 뇌 계획을 갖고 세상에 태어난다.'라고 한다. [리사 펠드먼 배럿, 『이토록 뜻밖의 뇌과학(Seven and a Half Lessons about the Brain)』, 변지영 역, 더퀘스트 2021, 149쪽]

보고 꽃에 대한 시각적 정보를 받아들이는 것이다. 지성은 감각기관으로 감지한 사물에서 공통점을 추출하여 추상적 개념을 만들고 논리적으로 그 관계를 정돈하는 능력이다. 예컨대 꽃이라는 이름을 붙여 개념을 만드는 것이다. 상상력은 감각기관에서 감지한 사물의 특성들을 추출하고 쪼개고 갖다 붙여 새로운 형상이나 도식을 만드는 능력이다. 예컨대 각각의 꽃들이 가지는 모양들의 특성을 추출하고 그 형상들의 평균을 구해 꽃의 모양을 대표할 수 있는 골격(도식)만 남긴다. 이성은 지식의 체계와 통일성을 형성하는 등 이론적으로 사유하는 능력이다. 예컨대 천체의 운동을 관찰하고 모은 지식을 종합하여 지동설이라는 사유의 체계로 통합하는 것이다.

여기서 사용되는 감성, 상상력, 지성, 이성 등의 철학적 개념은 일반적 용어 사용과 조금 다를 수 있다. 일상생활에서 '감성적'이라고 할 때, 감성은 감수성과도 비슷한 뜻으로 쓰이지만 여기서는 감정이나 느낌과는 무관한 개념이다. 상상력은 없는 것을 떠올린다는 뜻으로 많이 사용되지만, 여기서는 그에 한정되지 않는다. 철학에서 감성은 시각, 청각 등의 감각으로 사물을 수동적으로 받아들이는 능력이고, 상상력은 이 지각된 모습을 능동적으로 변형시키는 능력이다. 상상력은 '구상력'으로 번역되기도 한다. 일상생활에서는 '지성적이다', '이성을 잃었다' 등 지성과 이성이 같은 듯, 다른 듯 쓰이지만 칸트철학에서는 구분되어 사용된다.

칸트는 감성에서 '시간과 공간', 상상력에서 '도식', 지성에서 '범주', 이성에서 '도덕법칙'이라는 각각의 선험적 형식을 발견했다. 이 선험적 형식들은 감성, 상상력, 지성, 이성이라는 마음의 능력들이 작동될 때 선천적으로 갖추어져 있는 일종의 시스템이다.

또한 칸트는 사람 마음의 활동을 인식능력, 욕구능력, 쾌·불쾌의 감정(즐거움·고통의 느낌)으로도 나눈다. 첫째, 인식능력은 '사람은 무엇을 알 수 있느냐?'라는 '순수이성비판'의 주제인 사변적 관심에서 발휘되는 능력이다. 사실(fact)의 발견이라는 진(眞)을 추구한다. 둘째, 욕구능력은 '사람은 무엇을 해야 하느냐?'라는 '실천이성비판'의 주제인 실천적 관심에서 발휘되는 능력이다. 자유, 도덕 등 가치의 실현이라는 선(善)을 추구한다. 셋째, 쾌·불쾌의 감정(즐거움 또는 고통의 느낌)은 '어떻게 아름다움을 느낄 수 있느냐?'라는 '판단력비판'의 주제인 미적 관심에서 발휘되는 능력이고, 미(美)를 추구한다.

칸트철학의 독창성은 먼저 마음의 능력을 인식능력(사변적 관심), 욕구능력(실천적 관심), 쾌·불쾌의 감정(미적 관심)의 각 영역으로 나누고, 그다음 각각의 영역에서 감성, 상상력, 지성, 이성의 선험적 형식들이 어떻게 작동되는지를 설명하는 데 있다. 감성은 감각기관에 주어지는 사물을 수동적으로 감지하는 능력으로서 모든 관심의 영역에

칸트의 마음 능력 개요도

마음의 능력	관심 영역	수동적 능력	자발적 능력	입법적 능력
인식능력	사변적 관심 (眞, 자연)	감성 (시공간)	상상력(도식) 지성(범주) 이성(도덕법칙)	지성
욕구 능력	실천적 관심 (善, 윤리)			이성
쾌· 불쾌의 감정	미적 관심 (美, 예술)			상상력과 지성

서 기초 또는 시발이 된다. 상상력, 지성, 이성은 감성을 통해 마음 안으로 들어온 것들을 가공하는 자발적 능력이다. 사변적 관심에서는 지성이 입법자(주도자) 역할을, 실천적 관심에서는 이성이 입법적 역할을 맡는다. 미적 관심에서는 우월적 능력은 없고 상상력과 지성이 자유롭게 유희한다.

2. 인간 지성의 세 가지 준칙

칸트는 사람의 정신 활동에서 갖추어야 할 세 가지 준칙, 즉 '인간 지성의 준칙'을 제시한다.[2] 인간 지성의 준칙은 ① 스스로 사고하기(선입견 없는 사유) ② 모든 타자의 위치에서 사고하기(확장된 사유) ③ 항상 자기 자신과 일치하게 사고하기(일관된 사유)이다. 첫 번째 준칙인 스스로 사고하기와 관련하여, 모든 선입견 중 가장 큰 것이 미신이다. 미신은 우리를 맹목에 빠뜨린다. 맹목은 타자들로부터 인도받으려는 욕구에서 시작된다. 미신으로부터 해방되는 것이 계몽이다. 두 번째 준칙인 확장된 사유는, 판단의 주관적인 사적 조건들에서 벗어나는 것이다. 다른 사람들의 입장에 바꿔 서보는 보편적인 입장에서 자기 자신의 판단을 뒤돌아보는 것이다. 세 번째 준칙인 일관된 사유는 가장 도달하기 어려운 것이다. 앞선 두 준칙을 준수하며 능숙하게 된 후에라야 성취될 수 있다. 이 단계에 이르러야 창조성도 발

---

2) 임마누엘 칸트, 『판단력비판』, 백종현 역, 아카넷 2009, 319쪽

휘될 수 있다.

칸트가 제시한 인간 지성의 준칙은 다양한 분야로 확장될 수 있는 보편성과 일관성을 지니고 있다. 사변적, 실천적, 미적 각 관심의 영역별 칸트철학의 내용도 이 준칙에 맞추어 다음과 같이 요약하면 핵심을 파악하기 쉽다.

3. 사람은 무엇을 알 수 있느냐

'사람은 무엇을 알 수 있느냐'는 인식능력의 문제이다.

첫째, 인식의 영역에서 선입견 없이 스스로 사유하는 것의 출발점은 인식의 한계를 받아들이는 것이다. 사람은 아무것도 없는 백지상태에서 사물을 인식하고 경험을 쌓는 것이 아니다. 사람에게만 특유하고 인류라면 공통적인 인식시스템을 선천적으로 갖추고 있다. 이 인식시스템은 사람의 인식과 경험을 가능하게 하는 것이다. 이 인식의 틀에는 시간과 공간이라는 감성의 형식과 범주라는 지성의 형식 등이 있다. 사람에게서 이 인식의 틀을 벗겨 내고 실제 존재하는 것을 찾아내라고 하면 불가능한 것을 시키는 것이다. 사람은 인식의 틀밖에 실제 존재하는 것이 무엇인지를 알 수 없다. 그 한계를 벗어나 실제 존재하는 것을 인식했다 하는 것은 미신을 믿는 것에 불과하다.

둘째, 모든 타자의 위치에서 사고하기는 사실과 들어맞는 객관적 판단을 의미한다. 예를 들어 어떤 사물을 보고 '고양이'라는 짐승에 해당한다고 판단하는 문제를 보자. 감성은 눈으로 어떤 네발짐승의 제각각의 모습을 지각한다. 상상력은 이 짐승이 가지는 구체적인 특색을 쪼개거나 모으는 등으로 종합한다. 그다음 머릿속에서 구체적인 형상들을 점점 추상화하여 마지막에는 뼈대만 남긴다. 이 뼈대가 이 짐승의 특성을 모아 공통점을 추출해 일반화한 도식이다. 지성은 이 짐승의 도식에 '고양이'라는 이름을 붙여 개념을 형성한다. 도식에서는 형상이 조금이라도 남아 있었으나, 개념에서는 형상이 완전히 사라지고 관념만 남는다. 이렇게 고양이라는 개념이 형성되고 나면 그다음 어떤 물체를 보고 고양이에 해당하는지를 판단한다. 상상력의 도식이 지성의 개념에 맞추어져 그려지기 때문에 지성이 입법자의 역할을 맡는 것이다.

셋째, 일관된 사유는 타고난 재능, 반복적인 학습과 시행착오를 통해 얻어진다. 아이들은 많은 사례를 보지 않더라도 매우 빠른 속도로 고양이 판별 문제를 학습할 수 있다. 고양이는 이러저러한 특성을 가진다는 개념적인 설명을 바탕으로 고양이를 인식하지는 않는다. 고양이의 특성이 잘 반영되고 간략하게 요약된 도식이 머릿속에 뚜렷하게 상상력으로 그려지게 되면, 신속, 정확하고 일관되게 고양이 판별 문제를 풀 수 있다.

4. 사람은 무엇을 해야 하느냐

'사람은 무엇을 해야 하느냐'는 욕구능력의 문제이다.

첫째, 실천의 영역에서 선입견 없이 스스로 사유하는 것은 무엇을 알 수 있느냐는 존재의 영역과 무엇을 해야 하느냐는 당위의 영역 사이 경계를 명확히 하는 것부터 출발한다. 사물은 자연의 인과법칙에 따라 존재하지만, 사람은 이 인과법칙에 얽매이지 않고 어떤 상태를 자기로부터 시작할 수 있는 자유의지를 가졌다. 사람의 이성은 부귀, 명예, 쾌락 등 자연적, 현실적인 욕구를 충족시키는 도구로만 사용되는 것이 아니다. 이성은 사람을 좀 더 높은 목적을 향하도록 인도한다는 것을 스스로 깨달아야 한다.

둘째, 모든 타자의 위치에서 사고하기는 "네 의지의 준칙이 항상 보편적 법칙 수립의 원리로서 타당할 수 있도록, 그렇게 행위하라."라는 도덕법칙에 따르는 것이다. 칸트의 도덕법칙은 어떤 존재나 이념 등으로 특정되지 않으며 순수하고 형식적이다. 부귀, 쾌락, 행복 등 욕망의 내용물이 실천법칙 안에 끼어든다면, 이로부터 자유가 아닌 타율, 곧 어떤 충동이나 경향성에 따르는 자연법칙에 대한 종속성이 나타난다. 이처럼 실천법칙이 타산적 이익에 맞춰져 있으면, 적절히 예외를 인정하면서 알맞은 방식으로 목적을 달성해 가야 하므로 영리함이 필요하다. 반면에 도덕법칙은 어렵고 복잡한 것이 아니고 치밀한 논증이 필요하지도 않다. 개인적 준칙이 보편적 법칙에 적합한지는 상식을 가진 사람이라면 세상사에 대한 영리함이 없어도 구별할 줄 안다.

셋째, 인격성은 도덕법칙의 일관된 실천을 통해 갖춰질 수 있다. 도덕법칙은 실행을 통해서만 작용하고, 우리의 심성과 육신에 배어든 법칙의 흔적을 통해서 나타난다. 도덕법칙은 동물적이고 유한한 존재로 살아가는 사람의 경험적 한계를 뛰어넘는 초경험적인 것을 향하게 해 준다. 그 과정에서 사람은 본래적 자아를 발견하고, 자율적이며 존엄한 인격적 존재가 된다.

5. 어떻게 아름다움을 느낄 수 있느냐

'어떻게 아름다움을 느낄 수 있느냐'는 감정의 능력에 의한 미적 판단의 문제이다.

첫째, 미적 판단에서 선입견 없이 스스로 사유하는 것은 어떤 대상에 대해 일체의 관심 없이(disinterested) 쾌감, 즐거움 등의 만족감을 느끼는 것이다. 대상이 아름답다는 판정에서 관건이 되는 것은 대상을 관조하며 내 안에서 스스로 만들어내는 것이다. 그 대상이 감각적인 쾌감을 주는 것인지, 좋은 것인지, 이로운지, 바람직한지 등의 관심과 이해타산에 무관하다.

둘째, 일체의 관심이 없을 때 아름다움은 개념은 없지만, 보편적인 것으로 확장될 수 있다. 상상력은 지성의 규정적 지시를 받지 않고 자유롭게 활동하고, 지성은 규정되지 않은 개념으로 활동한다. 이 상상력과 지성의 자유로운 유희의 마음 상태가 개념이 아닌 감각에 실려 보편적으로 전달되는 것이다.

셋째, 미적 체험의 과정에서 자기 내면의 깊은 곳에서 숨어 살아 움직이고, 지성의 언어로 포착해 설명할 수 없는 자신만의 고유한 것을 발견한다. 그것은 마음의 생기를 불러일으키는 생동감 또는 정신(이니스프리, innisfree)이다. 동시에 그것이 보편성도 가지고 있는 미감적 이념임을 깨닫게 된다. 자신만의 내면 깊은 곳으로 들어가는 것은 역설적으로 특수에서 보편으로 나아가는 것이다.

6. 사람의 생각 과정과 컴퓨터 계산의 닮음

칸트가 파악한 사람의 생각 과정은 다음과 같이 요약된다. ① '생각하는 나'의 밖에 있는 것을 지각하든지, 내 안에 기억되어 있던 것을 떠올리든지 해서 데이터(표상)의 형태로 만든 다음, ② 시간이라는 형식에 맞추어 데이터(표상)를 모으고, ③ 그 데이터 조각들을 체계적으로 통합한다.

튜링(Alan Turing)은 이 생각의 과정을 ① 기호, ② 기호 변환 및 기록 장치, ③ 기호 규칙표로 정형화해서 기계적으로 작동하는 튜링기계(Turing Machine)를 만들었다. 튜링기계가 오늘날 컴퓨터의 청사진이다. 기호 규칙표는 사람이 미리 짜서 튜링기계에 입력한다. 이 규칙표가 컴퓨터 프로그램이다.

다음 그림과 같이 ① 생각하는 나는 시각으로 고양이 2마리, 3마리를 지각한다. 튜링기계에는 기호 "* *", 기호 "* * *"이 입력된다.

② 생각하는 나는 시간이라는 형식에 맞추어 고양이들의 표상을 모은다. 동종적인 단위들을 연속해서 보태어 2마리, 3마리씩 묶어세는 것은 '시간상 후속적인 반복'에 해당한다. 튜링기계에서 기호들

은 네모칸으로 구획된 테이프 위에 기록되고, 지워진다.

③ 생각하는 나는 표상(데이터) 조각들을 체계적으로 통합하여 "2+3=5"를 계산한다. 튜링기계는 규칙표에 따라 작동된다. 이 규칙표에 따르면 "2+3=5"가 계산된다. 그 외 상세한 설명은 본론으로 미루기로 한다.

그런데 사람의 생각 과정에서는 생각의 주체인 사람이 데이터의 규칙을 만들지만, 튜링기계의 작동에서는 작동의 주체인 튜링기계가 아니라 사람이 데이터의 규칙을 대신 만드는 것이므로, 사람의 생각과 튜링기계의 작동은 큰 차이를 보이게 된다. 이 단점을 보완하여 튜링기계가 스스로 규칙표를 만들도록 한 것이 기계학습이다.

7. 규칙 기반 vs 기계학습 프로그래밍

인공지능(AI)은 인간의 지능, 상식 등을 흉내 내는 기계를 통칭하는 개념으로서 컴퓨터 프로그래밍으로 구현된다. 컴퓨터 프로그래밍의 방식은 '규칙 기반 또는 지식 기반'(rule based or knowledge based)과 '기계학습'(machine learning)으로 나눌 수 있다.

규칙 기반(rule based) 방식은 언어와 논리로 알고리즘을 미리 짜 입력하는 방식을 취한다. 지식을 프로그램 안에 심어 놓고, 논리 추론 시스템이 지식을 가지고 작동한다. 곱하기 계산 등의 지식이나 규칙으로 정형화될 수 있는 문제는 이 프로그램 방식이 적합하다. 그런데 사람들은 일상생활에서 부딪히는 여러 문제를 지식이나 규칙 없이 잘 해결한다. 어떻게 알아맞히는지를 언어와 논리로 설명이 잘 안 되는 문제도 많다. 예를 들어 사람은 꽃을 보고 어떤 꽃에 해당하는지 쉽게 판별할 수 있지만, 그 꽃이 장미에 해당하는 근거를 설명하라고 하면 쉽지 않다. 백문(百聞)이 불여일견(不如一見)이다. 컴퓨터에 이 일을 시킬 때 지식 기반 방식을 취하면 '꽃의 잎은 어긋나고 깃 모양이면 장미다'라는 등의 규칙을 미리 정해줘야 한다. 아무리 세세하게 장미꽃의 특성에 대한 지식을 표현하더라도 그 표현에서 벗어나는 표본이 계속 발생할 수밖에 없다.

기계학습(machine learning) 방식을 취하면 꽃 식별 문제 해결에 훨씬 더 효과적이다. 기계학습은 문제풀이 방법인 소프트웨어를 미리 컴퓨터에 주입하는 것이 아니라 컴퓨터가 스스로 그 방법을 찾도록 한다. 기계학습의 묘미는 사람이 그 일을 이해하지 못한 상태에서도 컴퓨터에 일을 시킬 수 있다는 것이다. 학습을 통해 데이터에 있는 패턴을 찾아 문제풀이 방법을 만들어내는 것이라서, 문제 해결 방법을 언어나 논리로 설명하기 어려운 분야에서 특히 활용도가 높다. 기계학습은 인터넷의 발달에 따른 풍부한 데이터, 학습알고리즘 성능과 데이터 처리 속도의 향상에 힘입어 최근 다양한 분야에서 놀라운 성공을 거두고 있다.

8. 칸트의 인식모델 ≒ 컴퓨터 프로그래밍

칸트에 따르면, 지성은 규칙의 능력이고, 판단력은 규칙 아래로 포섭하는 능력이다. '장미'라는 개념을 이해했다고 하더라도, 어떤 꽃을 보고 '장미'라고 잘 판단할 수 있는 것을 보증하지는 않는다. 이론 교육을 충실히 받더라도 실무에서 부딪혀봐야 배운 지식을 실제로 활용할 수 있다. 판단력은 규칙 교육에 의해 주입될 수 없고, 실례나 실무를 통한 숙달로 연마될 수 있을 뿐이다.

① 일반논리학에서 제공하는 논리 규칙과 병리학, 법률 등 특정 분야에서 제공하는 잘 정리된 규준 등에 따르면, 개념이 구체적 사안에 들어맞게 적용되는 때도 있다. ② 반면에 개별적인 경우에 개념

자체가 주어지지 않기 때문에 이미 있는 개념을 찾아가야 하는 때도 많다. 딱 들어맞는 개념이 없어 해석을 통해 개념의 의미를 수정하거나 새로운 개념을 만들어야 할 경우도 있다.

①에 해당하는 사례로는, 교통법규 및 신호위반 등 위반 유형을 정해두고 교통사고가 어떤 유형의 교통법규 위반에 해당하는지를 판단하는 것을 들 수 있다. 미리 정해둔 규칙 또는 개념으로 구체적 사안의 부합 여부를 판단할 수 있으므로, '규칙 기반' 판단이라고 이름 붙일 수 있겠다. ②에 해당하는 사례로는, 어떤 꽃을 보고 진달래인지, 철쭉인지 판단하는 것을 들 수 있다. 진달래나 철쭉에 대한 개념은 학술적으로 정의되어 있지만, 이 개념을 가지고 어떤 꽃인지를 판단할 수는 없다. 진달래의 구체적 형상들의 공통점을 찾아 머릿속에서 그려진 일반적, 추상적 형상인 도식에 따라 판정한다. 그래서 '도식 기반' 판단이라고 이름 붙일 수 있겠다.

규칙과 지식을 활용해 프로그램을 미리 짜 두고, 이 프로그램에 따라 데이터를 처리하는 '규칙 기반' 프로그래밍은 사람의 규칙 기반 판단에 대응한다. 프로그램을 미리 컴퓨터에 주입하는 것이 아니라 학습으로 그 프로그램을 찾도록 하는 '기계학습' 프로그래밍은 사람의 도식 기반 판단에 대응한다.

아이들에게 진달래 실물이나 그림을 보여주고 진달래라고 가르쳐주면 많은 사례를 보지 않더라도 매우 빠른 속도로 진달래 판별 문제를 학습할 수 있다. 그 비결은 지적 호기심과 상상력이 풍부하기 때문이다. 상상력은 감성과 지성을 이어준다. 진달래의 특성이 잘 반영되고 간략하게 요약된 도식이 머릿속에 뚜렷하게 상상력으로 그려지게 되면, 신속, 정확하게 진달래를 식별할 수 있다. 기계학습 프로그래밍은 데이터의 특성을 모아 반복된 학습을 통해 문제풀이 방식을 찾아가는 방식을 취하기 때문에, 도식 기반 판단과 매우 닮았다. 사람들은 일상생활에서 부딪히는 여러 문제를 딱 들어맞는 지식이나 규칙이 없어도 도식 기반 판단으로, 즉 상상력과 판단력의 힘으로 잘 해결한다. 기계학습은 이와 유사한 방식을 취하므로 규정화하기 곤란한 수많은 문제 해결에서 강력한 힘을 발휘한다.

9. AI가 어디까지 사람의 지능을 따라올 수 있는지

뉴턴의 물리학을 대표하는 방정식은 $F = G\frac{m_1 \cdot m_2}{r^2}$ 이다. 중력(F)은 두 물체의 질량(m_1, m_2)의 곱에 비례하고, 두 물체 사이 거리(r)의 제곱에 반비례한다는 것이다(G는 중력 상수이다). '만유인력 법칙'이라는 자연현상이 언어가 아닌 네 개의 미지수로 된 수학방정식으로 표현될 수 있다는 것은 신비롭다.

뉴턴의 만유인력 법칙처럼, 칸트의 인식론을 대표하는 문구는 "내용(직관)이 없는 사고(개념)는 공허하고, 개념이 없는 직관은 맹목적이다."라는 것이다. 튜링은 이러한 사람의 인식을 기계적 계산(컴퓨터 프로그래밍)이라는 방식으로 표현하는 길을 열었다. 또한 칸트의 인식론에 따르면 직관과 개념 사이에 있는 상상력은 지성의 지시에 따라 직관을 모아 도식을 만들어낸다. 컴퓨터 프로그래밍이 이러한 상상력의 작용을 기계학습의 방식으로 쫓아갈 수 있게 됨으로써, AI는 점점 사람의 능력에 근접하고 특정 분야에서는 사람의 능력을 능가하고 있다. 게다가 AI는 특정 분야로 기능이 한정된 것이 아니라 일반적 지능을 지닌 AGI(Artificial General Intelligence, 일반인공지능)로 가는 과정에 있다.

칸트는 감성, 상상력, 지성이 만들어내는 인식능력의 토대를 단단히 한 다음에, 사람의 또 다른 마음의 능력인 실천능력과 심미적 능력으로 나아갔다. 인식능력의 자기의식, 실천능력의 자유의지와 인격성, 심미적 능력의 마음속의 생명력과 미감적 이념은 사람의 고유 능력으로 여겨진다. AGI가 사람 고유 능력이라고 불리는 이 종착점까지 도달할 수 있을지는 미지의 영역이다. 이와 관련된 논의는 관념적, 추상적 생각에 그칠 수도 있지만, AGI로 가는 과정에서 부딪힐 수밖에 없는 문제이다.

AGI로 발전하는 과정에서 AI는 단순 조력자, 협력자, 대리자로 역할이 바뀌게 되고, 자율성도 커진다. 그에 수반하여 AI의 오남용, 과도한 의존, 일자리 등 사회적, 윤리적 문제가 발생하고 있다. AI를 의료진단, 법률서비스, 예술 분야 등에서 활용하여 사람의 일을 대신 시킬 때, AI가 어디까지 사람의 능력을 따라올 수 있는지, 그 허용 범위는 어디까지인지 등이 문제 된다.

AGI의 종착점으로 가는 길이 얼마나 남았는지, AGI로 가는 과정에서 AI가 어느 범위까지 사람의 능력을 따라갈 수 있는지를 가늠해 볼 때 칸트철학은 새롭게 재조명된다. 그에 더하여 상상력이 중간에서 감성(직관)과 지성(개념)을 일치시키는 비결은 수수께끼로 남아 있었는데, 기계학습이 이 수수께끼를 풀어줄 수도 있다. 튜링은 "사람의 생각 과정은 아직 불가사의하지만, 생각하는 기계를 만들려다 보면 사람이 어떻게 생각하는지 이해하는 데 큰 도움을 받을 거라 믿는다."[3]라고 했다.

---

3) 레슬리 밸리언트, 『기계학습을 다시 묻다(Probably Approximately Correct)』, 이광근 역, 인사이트 2021, 231쪽

Chapter 02

사변적 인식과 AI

칸트의 인식모델과 튜링기계의 닮음

1. 칸트가 그린 사람 인식의 설계도

(1) 감성과 지성으로 만들어지는 사람의 인식

아침 산책길에 밤새 개울물이 얼어붙은 것을 본다고 하자. 이 자연현상에 대해, 나는 기온이 내려가서 물이 얼었다고 생각할 것이다. 이 생각에서 물, 얼음 등 생각의 내용물들을 제거하면 무엇이 남을까? 칸트의 인식모델에 따라 답을 찾아보자.

칸트의 인식모델, 즉 사람의 생각 과정은 '① 생각하는 나의 밖에 있는 것을 지각하든지, 내 안에 기억되어 있던 것을 떠올리든지 해서 데이터(표상)의 형태로 만든 다음, ② 시간이라는 형식에 맞추어 데이터(표상)를 모으고, ③ 그 데이터 조각들을 체계적으로 통합한다.'이다.

첫째, 눈으로 물과 얼음을 보면 망막에 그 이미지가 맺히고 시신경에 의해 정보로 바뀌어 뇌로 전달된다. 다섯 감각기관으로 보고 듣는 등 대상을 감각 또는 지각하는 활동을 '직관'이라고 하고, 직관을 하는 인식능력을 '감성'이라고 한다. 얼음이라는 사물을 직관함으로써 우리에게 나타나는(represent, 표상되는) 것이 '현상'이다. 물과 얼음이 표상하는 시각 정보가 '현상의 내용물' 또는 '직관의 내용물', 즉 데이터이다.

둘째, 나는 시간이라는 형식에 맞춰 물과 얼음으로 된 데이터를 모은다. 그 결과 나는 액체와 고체라는 두 가지 상태를 시간 관계에서 서로 맞서있는 것(과거와 현재)으로 지각한다. 시간은 '현상의 형식' 또는 '직관의 형식'이다. 물과 얼음이 차지하는 '공간'도 직관의 형식이다.

셋째, 나는 물과 얼음이 나타내는(표상하는) 시각 정보가 물과 얼음이라는 개념에 해당한다고 판단한다. 즉 나는 직관의 내용물을 개념이라는 규칙으로 통합한다. 사람은 빗물, 바닷물, 샘물 등 많은 객체에서 공통적인 것을 추출해서, 즉 추상적 일반화를 통해 물이라는 개념을 만든다. 개념을 형성하는 마음의 능력이 '지성'이다. 지성은 이렇게 만들어진 개념을 개별적인 대상에 적용하여, 지각한 물체가 물이라는 개념에 해당한다고 '판단'한다. 또한 나는 인과관계라는 논리 형식에 맞춰 물이 얼음으로 변하는 현상을 생각한다. '인과성'이라는 논리 규칙 또는 생각의 형식이 '범주'다. 범주는 인과성을 포함하여 총 12개로 되어 있다.

물, 얼음 등 생각의 내용물들을 제거하면 무엇이 남을까? 그 답은 직관의 형식인 '시간과 공간', 지성의 형식인 '범주'이다. 사람의 인식은 마음의 두 기본 원천에서 발생한다. 하나는 대상의 개별적, 구체적인 표상을 받아들이는 능력인 감성이다. 다른 하나는 대상의 일반적, 추상적인 표상인 개념을 만들고 그 개념을 적용하여 판단하는 능력인 지성이다. 감성은 지각한 다양한 내용물을 시간과 공간이라는 틀에 맞추어 재료로 제공한다. 지성은 직관의 다양한 내용물을 개념화하고, 범주에 따라 체계적, 논리적으로 정리하여 통합한다. 직관과 개념 사이에는 우열이 없고 혼화될 수 없으며 합쳐질 뿐이다. 개념은 직관을 통해서만 대상에 관계할 수 있다. 따라서 "내용(직관)이 없는 사고(개념)는 공허하고, 개념이 없는 직관은 맹목적이다."

(2) 감성과 지성의 선험적 형식인 시공간과 범주

칸트는 ① 인류라면 공통으로 가지고 있고, ② 경험 이전에 선천적(a priori)으로 갖추고 있으며, ③ 경험을 가능하게 하는 인식시스템을 '선험적 형식'이라고 칭했다. 시간과 공간은 직관의 선험적 형식이다. 직관의 내용인 감각 자료는 우리에게 경험적으로 주어지는 것이지만, 그 내용을 정리하는 형식 자체는 경험적 내용에서 얻어지는 것이 아니라 경험에 앞서 전제되어 있어야 한다. 시간과 공간이라는 형식은 사람의 마음속에 선천적으로 갖추어져 있으면서, 현상의 내용물들을 후천적으로 경험할 수 있게, 즉 직관할 수 있게 해 준다. 모든 현상은 감성의 이 형식적 조건과 반드시 일치해야 한다. 현상은 이 형식을 통해서만 나타나기 때문이다.

시간 속에서 현상의 내용물들은 배치되고 결합하며 서로 관계를 맺는다. 어떤 사물이 같은 시간에 있다거나 다른 시간에 있다거나 하는 것은 경험의 축적을 통해 결론을 내릴 수 있는 것이 아니라, 선험적인 직관 형식인 시간을 통해 확실성을 얻을 수 있는 것이다. 시간관념이 마음속에 내장되어 있지 않은 생명체는 어떤 사물을 지각할 수는 있으나 그 사물들이 동시적인지, 계기적인지 등의 시간 관계를 알 방도가 없을 것이다.

칸트는 직관에서 선험적인 형식인 시간과 공간이 있듯이, 개념(생각)에서도 이런 역할을 하는 선험적인 생각의 규칙들이 있다고 봤다. 칸트는 이 생각의 선험적 형식을 '범주'라고 칭했다. 칸트의 범주는 아리스토텔레스에서 유래한 고전 논리학의 10개의 '판단 형식'에 2개를 추가하여 만들어졌다.

지성이 개별 사안에서 개념을 적용하여 구체적 판단을 할 때는 12개의 일정한 논리 형식에 따르게 된다. '모든 A는 B이다(전칭 판단). 어떤 A는 B이다(부분 판단). A는 B가 아니다(부정 판단). A이면 B이다(가언 판단). A이거나 B이거나 C이다(선언 판단)' 등 12개의 판단 형식이다. 칸트에 따르면 이 판단의 논리적 형식은 이미 '특정 개념들을 전제'하고 있다고 하며, 이 '전제된 개념'이 범주이다.

'모든 A는 B이다'라는 전칭 판단의 형식으로 판단할 수 있으려면 A가 속하는 각각의 것들을 '모든' 또는 '전체'로 묶어서 생각할 수 있어야 한다. 각각의 A들을 합하는 경험의 축적에 의해 '전체'라는 개념을 얻는 것이 아니다. 전칭 판단이 가능하기 위해서는 이미 '전체성'의 개념이 전제되어 있어야 한다. 즉 '모든'이라는 말과 대응되는 경험은 없다. '전체성'이라는 개념은 전칭 판단이 가능하기 위해 경험에 앞서서 전제되어야 하는 '선험적 개념'이다. 마찬가지로 'A이면 B이다'라는 가언 판단을 할 수 있으려면 '인과성'이라는 개념이 전제되어 있어야 한다. 이처럼 논리적 판단 형식 자체를 가능하게 하는 선험적 개념이 범주이다.[1]

범주는 '양, 질, 관계, 양태'라는 4개의 항목과 그 아래 각 3개의 항목으로 세분된다. 양은 '전체, 부분, 개체'로, 질은 '긍정, 부정, 무한'으로, 관계는 '정언, 가언, 선언'으로, 양태는 '개연, 실연, 필연'으로 나눠진다. 이 12개의 범주는 '나는 생각한다'라는 자기의식[(통각(統覺), cogito] 속에서 하나로 통합된다. 인식은 반드시 이 12개의 범주 중 어느 한 형식에 적합하다는 것이다. 그렇더라도 범주는 일반적인 사고 형식일 따름이고, 이 범주에 의해 경험적인 자연현상의 특수한 자연법칙을 끌어낼 수는 없다.

(3) 선험적 형식을 통한 선험적 종합판단

공간이 선험적 형식으로 사용되는 예를 들어 보자. '두 점 사이에는 하나의 직선만 있다'는 기하학 명제는 100% 확실하다. 이 명제는 어떻게 해서 '100% 확실하다', 바꾸어 말하면 '필연적이다'라는 결론에 도달할 수 있는가?

---

1) 한자경, 『칸트철학에의 초대』, 서광사 2006, 50쪽

먼저 '경험판단'과 비교해 보자. 개별적인 경험을 모아 이를 일반화시킬 수 있는 법칙을 찾는 것이 귀납 논리이다. 두 점 사이를 이어보는 여러 가지 실험과 관찰, 즉 경험의 축적을 통해 하나의 직선만 있다는 결론을 내릴 수 있다. 그러나 경험으로부터 귀납적으로 얻어내는 것은 개연적 확실성만을 가질 뿐이고, '100% 확실하다'는 절대적 확실성에 도달할 수 없다. 경험판단으로는 '두 점 사이에는 하나의 직선만 있는 것으로 추정된다'는 결론만 내릴 수 있다.

그다음 '분석판단'과 비교해 보자. 분석판단은 주어진 명제들의 분석만으로 지식을 얻는 판단 방식이다. 예를 들어 '모든 물체는 연장(延長)되어 있다'는 분석적 판단이다. 물체라는 개념을 분석하면 공간 속에서 일정한 부분을 차지하는 연장성이라는 속성을 끌어낼 수 있기 때문이다. 이 판단은 100% 확실하다. 그러나 분석판단은 세계에 대한 새로운 정보를 제공하기보다는 주어진 개념을 설명하는 것에 지나지 않는 판단이다.

반면 '종합판단'은 개념에 대한 설명과 분석을 넘어서서 새로운 정보를 제공하는 확장판단이다. 세계와의 접촉과 경험을 통해 귀납적으로 명제를 찾아내는 경험판단은 모두 종합판단에 속한다.

'두 점 사이에는 하나의 직선만 있다'는 명제에서, '직선'과 '두 점'이라는 주어진 개념들만 가지고 아무리 논리적으로 분석하더라도 '하나의 직선만 있다'는 답을 얻을 수 없으므로 분석판단(연역논리)이 아니다. 기존 명제들의 분석으로는 얻을 수 없는 새로운 정보를 얻어내므로 종합판단에 해당한다. 또한 '하나의 직선만 있다'는 100% 확실한 결론에 이를 수 있어서, 경험의 축적만으로는 지식을 획득하는 경험판단(귀납논리)도 아니다. 칸트는 이러한 판단을 분석판단 및 경험판단에 대비하여 '선험적(transcendental) 종합판단'이라고 했다.[2] 사람은 선험적 종합판단을 통해 세계에 관한 경험으로부터 보편타당한 지식을 얻을 수 있다.

사람은 선천적으로 갖추고 있는 공간이라는 인식의 틀 속에서 두 점 사이를 이어보는 실험과 관찰을 한다. 아무것도 선천적으로 갖추지 않은 백지상태에서 경험하는 것이 아니다. 칸트에 의하면, 이 기하학 명제의 100% 확실성은 선험적인 직관 형식인 공간에 그 내용물을 넣어 일정한 관계에 따라 정돈한 후 지성에 의해 판단하기 때문에 얻을 수 있다고 한다. 따라서 직관의 형식인 공간은 여기서 단순히 현상의 내용물을 담는 선천적인 형식의 역할만 하는 것이 아니라, 선험적 종합판단을 가능하게 하는 역할도 한다.

데이비드 흄과 같은 경험론자들에 의하면, '두 점 사이에는 하나의 직선만 있다'는 것과 같이 확실성이 있는 수학적 명제는 분석판단에 불과하다. 데카르트와 같은 합리론자에 따르면, 이 수학적 명제의 확실성은 본유관념(innate idea)으로부터 얻을 수 있다. 본유관념은 신이 부여해 준 것이므로, 신이 창조한 이 세계의 본질적 구조를 이성적으로 알 수 있다. 칸트는 합리주의의 독단론(본유관념)과 경험주의

---

2) 현대의 연구에서 '두 점 사이에는 하나의 직선만 있다'와 같은 기하학의 명제가 분석적 판단에 속하는지, 종합적 판단에 속하는지에 대해서는 견해가 엇갈린다. [오트프리트 회페, 『임마누엘 칸트』, 이상헌 역, 문예출판사 2012, 74쪽]

의 회의론(귀납 논리) 모두를 넘어서 제3의 길(선험적 종합판단)을 개척하였다.

(4) 내적·외적 직관의 형식인 시간

나의 밖에 있는 대상 세계에 대한 직관의 형식, 즉 외적 직관은 공간이다. 나의 내면세계를 들여다보는 직관의 형식, 즉 내적 직관은 시간이다. 내 마음속에서는 바라보고 생각하고 욕망하는 등의 의식적인 활동이 계속되고 있다. 내적 직관은 내적으로 활동하는 나의 의식을 되돌아봄으로써 성립한다. 외적 직관도 그것이 내적으로 의식되어야만 의식의 대상이 될 수 있으므로 시간은 내적, 외적 직관 모두의 형식이다. 즉 ① 생각하는 나의 밖에 있는 것을 지각하든지, 내 안에 기억되어 있던 것을 떠올리든지 해서 데이터의 형태로 만든 다음, ② 시간이라는 형식에 맞추어 데이터를 모으는 것이다.

시공간은 마음속에 있는 선험적인 형식이 아니라, 사물이 존재하고 변화하는 경험적, 물리적 세계의 일부로서 양과 운동의 측정 단위에 불과하다는 반론이 제기될 수 있다. 칸트는 '시간과 공간이 한편에서는 선험적, 보편적 규칙으로 작용하지만, 다른 한편에서 다양한 경험적 현상 안에 포함되어 있다'고 함으로써,[3] 시간, 공간의 경험적 실제성을 인정한다. 들뢰즈는 '시간은 단순히 운동을 측정하는 단위였으나, 칸트에 의해 시간과 운동의 관계가 뒤집혔다'고 한다. 시

---

3) 임마누엘 칸트, 『순수이성비판』, 최재희 역, 박영사 2019 보정판, 119쪽~120쪽

간은 더는 운동을 측정하는 간격이나 숫자인 연속성으로만 정의되지 않는다. 사물들은 다양한 시간 속에서 서로서로 연속해 있거나, 같은 시간 속에서는 동시적으로 있는 등, 고정되지 않은 시간 속에 머물러 있다. 지속성, 연속성, 동시성 등의 관계로서, 이제 시간은 운동하고 변화하는 모든 것의 형식이다.[4]

컴퓨터와 비교해 보면, 카메라로 얼음을 촬영하여 컴퓨터에 입력하는 행위가 '직관'에 해당한다. 얼음 영상이 픽셀 단위로 디지털화되어 컴퓨터로 입력되는 것이 '현상'에 해당한다. 컴퓨터 입력장치로 얼음 데이터가 입력되는 시간(메타 데이터)은 '직관의 선험적 형식인 시간'과 유사하다. 물론 시간은 다양한 경험적 현상의 일부로서 입력데이터가 될 수도 있다. 그런데 얼음과 얼음이 있던 공간은 픽셀값으로 디지털화되어 컴퓨터로 입력되기 때문에, 공간은 다양한 경험적 현상 안에 포함되어 입력될 수밖에 없다.

(5) 시간과 범주가 만드는 순수 지성 개념의 도식

칸트는 논리적 판단 형식을 10개에서 12개로 확장하고, 이 판단 형식들은 경험에 앞서는 개념들을 전제하고 있다고 하며, 이 선험적 개념들을 12개의 범주라고 했다. 그다음 칸트는 범주에 직관의 형식인 시간을 결합하여, '순수 지성 개념의 도식'을 만들어 인식시스템을 완성하였다. 지각된 잡다한 내용이 범주라는 사고의 형식 안으로

---

4) 질 들뢰즈, 『칸트의 비판철학』, 서동욱 역, 민음사 2006, 142쪽~144쪽

들어가기 위해서는 그사이에 있는 시간도 고려되어야 한다. 시간은 범주 속에 현상을 포섭함을 매개하는 역할을 한다.

'순수 지성 개념의 도식'에서 '순수'는 경험에 근거하지 않는다는 것을, '지성 개념'은 범주를 의미한다. '도식'은 성질이 다른 감성과 지성을 두 성질을 모두 가지는 시간에 의해 연결한다는 의미이다. 시간은 한편에서 보편적, 선험적 규칙으로 작용할 때 범주와 동종이고, 다른 한편 시간은 다양한 경험적 표상 안에 포함되어 있으므로 현상과 동종이다. 따라서 시간은 현상과 범주를 매개할 수 있고, 그 관계를 도식으로 나타낼 수 있다.5)

순수 지성 개념의 도식을 표로 정리하면 다음과 같다.

첫째, '양'의 범주에 해당하는 도식은 '시간 계열'인 '수(數)'이다. 수는 동종적인 단위들을 연속해서 보태는 것이고, 시간상 후속적인 반복이다. 선은 점이 모여서 만들어지는 것이고, 시간도 한순간에서 다른 순간으로 계속 보태지는 것이므로 양이고, 수로 나타낼 수 있다. 그리고 직관된 모든 현상은 시간과 공간에 위치하므로 직관으로서의 모든 현상은 외연량이라고 할 수 있다. 연장적 크기에 관한 학문이 수학이고, 수학의 원칙들이 '공리'이다. 따라서 양의 범주에 대응하는 도식은 '직관의 공리'라고 칭할 수 있다. 이 도식의 선험적 원리는 '모든 직관은 외연량'이다.

둘째, '질'의 범주에 해당하는 도식은 '시간 내용'인 '도(度)'이다.

---

5) 『순수이성비판』 119쪽~120쪽

범주와 순수 지성 개념의 도식[6]

범주		명제		도식	원칙(원리)
양	전체	모든 A는 B이다.	시간계열	수(數)	직관의 공리: 모든 직관은 외연량이다.
	부분	어떤 A는 B이다.			
	개체	이/저 A는 B이다.			
질	긍정	A는 B이다.	시간내용	도(度) 충실시간 공허시간	지각의 예취: 모든 현상에서 감각 작용의 실재적인 것은 도를 이룬다.
	부정	A는 B가 아니다.			
	무한	A는 not B이다.			
관계	정언	A는 B이다.	시간순서	지속	경험의 첫째 유추: 실체는 지속한다.
	가언	만약 A라면 B이다.		규칙에 따른 후속	경험의 둘째 유추: 인과법칙에서 생긴다.
	선언	A이거나 B이거나 C이다.		공존 즉 동시	경험의 셋째 유추: 일관적 상호작용이 있다.
양태	개연	A는 가능적으로 B이다.	시간총괄	혹시(或時)	경험적 사고 일반의 요청
	실연	A는 실제로 B이다.		정시(定時)	
	필연	A는 필연적으로 B이다.		상시(常侍)	

시간과 공간 중에 펼쳐져 있는 사물들은 그것의 특성들을 내포하고 있고, 우리는 다섯 감각을 통해 그 특성들을 지각할 수 있다. '나는 춥다'와 같이 주관적 감각으로 표현할 수도 있지만, '이곳 기온은 14도다'라며 객관적 지각판단을 하기도 하다. 모든 감각은 어떤 강도를 갖는다. 감각기관에 미치는 영향의 정도, 즉 밀도적 크기는 온도, 음량, 색조, 무게 등으로 수량화할 수 있다. 그것은 시간, 공간의 연장적 크기인 외연량과 대비해서, 내포량이라고 할 수 있다. '예취'(내가

---

6) 『순수이성비판』 134쪽

미리 취한다)는 다양한 개별 감각들의 바탕에 놓인 공통적인 전형을 의미한다. 칸트는 모든 감각에 대해 경험에 앞서는 선험적 근본 형식이라는 의미로 '지각의 예취'라고 칭하였다.

셋째, '관계'의 범주에 해당하는 도식은 '시간순서'인 '지속, 후속, 동시'이다. '후속'에 관해 예를 들어 보자. 내가 물이 어는 것을 볼 때, 나는 액체와 고체라는 두 가지 상태를 시간 관계에서 서로 맞서있는 것으로 지각한다. 나는 시간이라는 형식에 맞춰 물이 어는 현상을 직관하는 것이다. 또한 이 현상을 12개의 범주 중 '가언 판단'(인과성)이라는 논리 형식에 맞춰 생각한다. 즉 얼음은 물이 얼어서 만들어진 것으로 생각하는 것이다. 칸트는 범주 중 '가언 판단'을 '시간순서 중 규칙에 따른 후속'이라고 미리 도식화함으로써 직관의 잡다한 내용물이 시간이라는 직관 형식과 범주라는 생각 형식 속에서 인식되도록 하였다.

넷째, '양태'의 범주에 해당하는 도식은 '시간 총괄'인 '혹시, 정시, 상시'이다. 지식을 얻는 세 가지 계기인 '직관', '지각', '경험의 결합'은 경험적 사고를 통해 수행된다. 이것은 세 가지 양상을 띠는데, 인식의 가능성, 현존성, 필연성에 해당한다.

칸트는 '직관의 공리'와 '지각의 예취'의 원칙을 수학적이라고 하고, '경험의 유추'와 '경험적 사고 일반의 원칙'을 역학적이라고 했다. 요약하면, 감각기관으로 지각되는 질료는 선험적 형식에 의해 정돈되어 종합적 통일을 이룬다. 종합적 통일이 없으면 현상은 관련성 없는 감각 인상의 파편 조각에 불과하다. 범주가 시간을 매개로 현상에 적용되는 것이 '순수 지성 개념의 도식'이다.

[6] 인식 대상과 주체 관계의 코페르니쿠스적 전환

플라톤 이래로 전통적 서양철학에서는 감각을 저급한 인식의 단계로 여기며, 감각으로는 참된 실제의 모습을 인식할 수 없다고 봤다. 눈에 비치는 나무의 모습인 '현상'의 제한에서 벗어나게 될 때, 다시 말하면 감각으로 혼탁해진 거울을 잘 닦아낼 때, 본래적으로 존재하는 나무의 실체인 '물자체'를 인식할 수 있다고 한다. 인식의 대상 또는 물자체가 중심에 있고 인식의 주체인 사람은 그 주위를 도는 수동적인 위치에 있다.

칸트는 이와 반대로, 인식의 주체가 중심에 있고 대상은 그 주위를 돌며 주체에 의해 인식되는 것으로, 대상과 주체의 주종관계를 전환하였다. 사람은 인식의 중심에 있는 주체로서 세계를 보고 이해한다. 대상은 인식하는 주체의 선험적 조건, 즉 선험적 형식들을 통해서 비로소 구성된다. 우리는 '시간과 공간'이라는 현상의 형식 안에 '나무의 모습'이라는 현상의 내용물을 집어넣어 '나무'라는 현상, 즉 대상을 구성한다. 그 결과 물자체는 경험인식의 가능성과 그 한계를 파악하는 데 필요한 한계 개념에 불과하게 된다. 물자체는 인식할 수 없지만, 그 자체로 전제되는 어떤 것에 불과하다. 칸트는 "내용(직관)이 없는 사고(개념)는 공허하고, 개념이 없는 직관은 맹목적이다." 라고 하였다. 인식은 감각을 통한 지각에 기초하므로, 감각은 저급한 인식이 아니다. 직관과 개념 사이에는 우열이 없다.

사람마다 세계를 보는 시각과 생각이 제각기 다르지만, 사람들 모두에게 세계를 보고 이해하는 공통의 분모가 존재한다. 인류에게 고유하면서도 공통적인 틀을 통해, 대상을 보고 사유하며 경험을 함으로써, 우리는 객관적이고 보편적인 지식을 얻을 수 있다. 그 공통의 분모가 있어야 사람은 객관적 인식의 주체가 될 수 있다. 그 틀은 사람 안에 내재하여 있어 경험을 가능하게 하므로 경험에 앞서는 선험적인 것이다.

2. 컴퓨터를 탄생시킨 튜링기계

(1) 사람의 계산 과정을 기계적으로 도식화한 튜링기계

컴퓨터의 소프트웨어는 프로그래밍 언어와 논리로 알고리즘(algorithm)을 짜서 만들어진다. 알고리즘이란 프로그래머가 원하는 일을 한 스텝씩 순서대로 써서 컴퓨터가 따라 하게 하는 것, 즉 '문제를 푸는 기계적 방법'이다. 이 기계적 계산 또는 자동 계산으로 문제를 푼다는 개념은 튜링의 1936년 논문에서 명확하게 정의되었다. 튜링은 이 논문에서 '수학 명제를 입력으로 받아서 참인지 거짓인지를 기계적으로 판단하는 방식'(수리명제 자동생성 문제, Entscheidungsproblem)으로는 풀 수 없는 문제가 있다는 것을 자신만의 방식으로 증명했다. 그 증명을 위해서는 먼저 기계적 계산이 뭔지를 정의할 필요가 있었는데, 튜링은 '튜링기계'(Turing Machine)라는 것을 고안하여, '기계적인 계산이란 튜링기계로 만들어서 돌릴 수 있는 것으로 한다'고 정의했다.

튜링기계는 아래와 같은 모습을 하며 규칙에 따라 기계적으로 작동된다.[7]

튜링 기계 도식

테이프

| * | * | | * | * | * | | |

2   3

2
+
3

5

| * | * | * | * | * | | | |

규칙표

현상태	읽을기호	쓸기호	다음칸	다음상태
A	*	*	>	A
A	□	*	>	B
B	*	*	>	B
B	□	p□	<	C
C	*	p□	‖	C
C	□	p□	‖	C

튜링기계는 사람이 계산하는 과정을 기계적으로 구현하는 것이다. 사람이 하는 '2+3=5'라는 덧셈을 튜링기계가 하는 것과 비교해 보자.

첫째, 사람이 계산할 때는 2, 3 등의 수를 나타내는 기호가 필요하다. 튜링기계로는 2는 "* *", 3은 "* * *" 등의 기호로 나타낸다.

둘째, 사람의 계산에는 2, 3 등의 수를 쓸 종이나 암산을 위한

---

7) 이하 설명하는 튜링기계의 구성 및 작동방식은, 박정일, 『튜링&괴델, 추상적 사유의 위대한 힘』, 김영사 2010, 96쪽~104쪽과 이광근, 『컴퓨터과학이 여는 세계』, 인사이트 2015, 32쪽~40쪽을 참조하여, 필자가 재구성하였다.

뇌의 기억 장치가 필요하다. 튜링기계로는 아래와 같이 네모칸으로
구획된 무한한 길이의 테이프 위에 기호를 쓴다.

　셋째, 사람은 머릿속으로 덧셈 알고리즘을 적용하여 5라는 출력
값을 낸다. 튜링기계로는 위 규칙표와 같이 '현 상태, 읽을 기호, 쓸
기호, 다음 칸, 다음 상태'로 구성된 '5순서열'의 작동규칙에 따라 계
산해서 5를 출력한다. 위 규칙표의 작동규칙을 차례대로 살펴보면
아래와 같다.

　먼저, 데이터 2, 3에 해당하는 기호를 테이프 위에 쓰고, 테이프
의 가장 왼쪽 칸부터 현 상태 A에서 시작한다.

① 작동규칙의 첫 번째 순서열에 따르면, 첫 번째 칸의 기호 *를 읽
　고, *를 쓴 다음 오른쪽으로(>) 한 칸 이동한다. 다음 상태는 A
　이다.

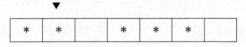

② 그런데 현 상태 A는 작동규칙의 첫 번째 순서열에도, 두 번째 순
　서열에도 있다. 첫 번째 순서열에서는 *를 읽고, 두 번째 순서열
　에서는 빈칸(ㅁ)을 읽는 점에서 차이가 난다. 현재 있는 칸(두 번
　째 칸)에 있는 기호가 *이므로 첫 번째 순서열을 적용한다. 첫 번

째 순서열에 따라, *를 읽고, *를 쓴 다음 세 번째 칸으로(>) 이동한다. 다음 상태는 A이다.

③ 현 상태는 A이므로, 첫 번째 또는 두 번째 순서열 중 어느 한쪽이 적용된다. 이번에는 세 번째 칸에서 있는 기호가 빈칸(ㅁ)이므로, 작동규칙의 두 번째 순서열을 적용한다. 빈칸(ㅁ)을 읽고, *를 쓴 다음 네 번째 칸으로(>) 이동한다. 다음 상태는 B이다.

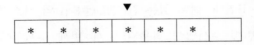

④ 현 상태는 B인데, 현재 있는 칸(네 번째 칸)의 기호가 *이므로 세 번째 순서열이 적용된다. 세 번째 순서열에 따라, 네 번째 칸의 *를 읽고, *를 쓴 다음 다섯 번째 칸으로 한 칸 이동(>)한다. 다음 상태는 B이다.

⑤ 현 상태는 B인데, 현재 있는 칸(다섯 번째 칸)의 기호가 *이므로 세 번째 순서열이 적용된다. 세 번째 순서열에 따라, 다섯 번째 칸의 *를 읽고, *를 쓴 다음 여섯 번째 칸으로(>) 이동한다. 다음 상태는 B이다.

⑥ 현 상태는 B인데, 현재 있는 칸(여섯 번째 칸)의 기호가 *이므로 세 번째 순서열이 적용된다. 세 번째 순서열에 따라, 여섯 번째 칸의 *를 읽고, *를 쓴 다음 일곱 번째 칸으로(>) 이동한다. 다음 상태는 B이다.

| * | * | * | * | * | * | |

⑦ 현 상태는 B인데, 현재 있는 칸(일곱 번째 칸)의 기호가 빈칸(ㅁ)이므로 네 번째 순서열이 적용된다. 네 번째 순서열에 따라, 빈칸(ㅁ)을 읽고, 빈칸을 쓴(pㅁ) 다음, 왼쪽으로(<) 한 칸 이동한다. 다음 상태는 C이다.

| * | * | * | * | * | * | |

⑧ 현 상태는 C인데, 현재 있는 칸(여섯 번째 칸)의 기호가 *이므로 다섯 번째 순서열이 적용된다. 다섯 번째 순서열에 따라, 여섯 번째 칸의 *를 읽고 빈칸을 쓴(pㅁ) 다음, 위치를 옮기지 않고 그대로 머문다(∥). 다음 상태는 C이다.

⑨ 현 상태는 C인데, 현재 있는 칸(여섯 번째 칸)에 있는 기호는 빈칸
(ㅁ)이므로, 여섯 번째 순서열이 적용된다. 여섯 번째 칸의 빈칸
(ㅁ)을 읽고 빈칸을 쓴(pㅁ) 다음, 그대로 머문다(‖). 다음 상태는
C이다.

▼

| * | * | * | * | * | | |

그 이후는 다시 여섯 번째 순서열로 되돌아가는 것을 반복하므로 전
체 작동은 멈추게 된다. 최종적으로 아래와 같이 "* * * * *"가 출력
된다.

| * | * | * | * | * | | |

'튜링기계로 하는 계산'은 일련의 5순서열에 따른 조작이다. 입
력데이터를 "* *", "* * *" 등으로 기호화하여, 정형화된 규칙에 따
라 계산을 하므로 기계적 계산 또는 기계적 정보처리라고 할 수 있
다. 튜링기계로 하는 계산이 오늘날 컴퓨터의 프로그램 또는 소프트
웨어다. "튜링기계로 모든 기계적 계산 즉 오늘날의 컴퓨터 프로그램
을 표현할 수 있다."라는 가설은 현재까지도 깨지지 않고 있다.

튜링기계로 입력되는 데이터는 "* *", "* * *" 등 기호의 모임
으로 입력된다. 오늘날 데이터를 디지털화하여 컴퓨터에 입력하는
것과 같은 방식이다. 게다가, 알고리즘(일련의 5순서열) 자체를 튜링기
계의 테이프 위에 올려 튜링기계를 작동시킬 수도 있다. 이때는 모든
소프트웨어를 실행할 수 있는 능력을 얻게 되어, 튜링기계는 '보편

튜링기계'(Universal Turing Machine)가 된다. 오늘날의 컴퓨터다.

수학자 괴델(Kurt Gödel)이 증명한 '괴델 수 대응'이란, 어떤 기호들의 열에 대해서 일대일로 하나의 수치를 부여하는 방법이다. 이 방법에 의하면 하나의 프로그램은 5순서열들의 나열이고, 5순서열은 하나의 정보(기호들의 열)이므로, 하나의 자연수로 일대일 대응시킬 수 있다. 그 결과 프로그램도 데이터와 마찬가지로 하나의 자연수로 간주될 수 있다. 따라서 튜링기계의 프로그램도 하나의 데이터로 간주되어, 튜링기계에서 실행될 수 있다. 튜링기계는 자신에게 주어져 있는 무한 테이프 위에서 다른 튜링 기계의 작동을 흉내를 낼 수 있는 보편 튜링기계가 된다. 보편 튜링기계는 프로그램 내장형 컴퓨터이다.8)

(2) 힐베르트의 프로그램

튜링기계와 괴델 수 대응은 "산수, 기하학 등 실제의 수학을 형식화해서 형식 체계로 구성할 것"을 제안한 수학자 힐베르트(David Hilbert)의 프로그램에 대해 문제를 제기하는 과정에서 탄생했다. 힐베르트가 제안한 '수학을 형식 체계로 구성'하는 프로그램은 세 단계로 나눌 수 있다. 첫째, 실제의 수학을 공리 체계로 만든다. 예컨대 그리스의 유클리드는 몇 개의 공리로부터 기하학의 정리들이 도출될 수 있다는 것을 보여주었다. 둘째, 실제의 수학에서 사용되는 기호

---

8) 『튜링&괴델, 추상적 사유의 위대한 힘』 110쪽~119쪽

들에서 의미를 제거하여 의미가 없는 형식적인 기호들로 만든다. 셋째, 의미가 없는 형식적인 기호들이 어떻게 문법에 맞는 논리식이 되는지 규칙을 명시한다. 또한 논리식으로부터 다른 논리식을 추론할 수 있게 하는 규칙을 명시한다. 그 결과 형식 체계에는 ① 의미가 제거된 형식적 기호들과 ② 추론 규칙에 의해 기계적으로 따라 나오는 논리식이나 수식만 남게 된다. 힐베르트는 이처럼 실제의 수학을 형식 체계로 구성한 후, 그 형식 체계로부터 모순이 도출되지 않는다는 것을 증명할 수 있다고 낙관했다.9)

이와 같은 힐베르트의 제안에 대해, 괴델은 '산수 체계에서는 모순이 도출되지 않는다는 것을 증명할 수 없다'는 것을 밝혔다. 이것이 '불완전성 정리'이다. 한 체계가 불완전하다는 것은 그 체계에서 어떤 문장이 '참'임에도 불구하고 증명될 수 없다는 것을 뜻한다. 괴델은 '불완전성 정리'를 증명하는 과정에서 '괴델 수 대응'을 착안했다.10) 또한 튜링은 '어떤 규정에 따라 정해진 임의의 모든 진술에 대해 그것이 참인지 여부를 결정하는 알고리즘이 존재하느냐'라는 힐

---

9) 『튜링&괴델, 추상적 사유의 위대한 힘』 148쪽~153쪽
10) "수학에서 증명이란 일련의 논리식들을 나열한 것이고, 이 논리식들은 각각 어떤 기호들이 나열된 것으로 볼 수 있다. 각각의 기호들에 괴델 수를 부여할 수 있고, 증명을 이루는 일련의 논리식 전체에 대해서도 하나의 괴델 수를 부여할 수 있다. 이러한 괴델수는 하나의 자연수에 불과하고, 자연수의 집합은 가산 집합이다. 반면 수학에서 참인 명제들의 집합은 비가산 집합이다. 비가산 집합은 가산 집합보다 크므로, 수학에서 참인 명제들의 집합(비가산 집합)은 증명 가능한 것들(가산 집합)의 집합보다 원소의 개수가 더 많다. 따라서 수학에서 참이지만 증명 가능하지 않은 명제가 존재하게 된다.(불완전성의 정리)"(『튜링&괴델, 추상적 사유의 위대한 힘』 163쪽)

베르트의 결정문제가 해결 불가능하다는 것을 튜링기계를 활용하여 증명하였다.

3. 튜링기계 도식과 칸트의 설계도 사이 닮음

(1) 지식을 얻는 세 가지 방식

근대 이전에는 지식을 얻는 방식을 언어로 서술했다(descriptive). 아리스토텔레스에서 유래한 10개 '판단의 논리 형식'이 대표적이다. 일반논리학은 인식 대상의 내용과 그 대상의 차이를 무시하고 사고의 논리적 형식과 판정 원리를 다룬다. '모든 A는 B이다', '만약 A라면 B이다' 등의 논리 형식에 맞추어 그 형식에 적합한지를 판정한다.

근대에는 자연현상을 정확히 검증할 수 있게 수학 방정식(equational)으로 표현하는 방법이 생겨났다. 칸트는 근대과학이 출현하던 시대에서 수학과 과학의 성과를 흡수하며 세계에 대한 인식모델을 만들었다. 순수 지성 개념의 도식의 4개 범주 중 양과 질은 수학적이고, 관계, 양태는 역학적이다.

현대에서는 튜링에 의해 계산형(computational)이라는 새로운 지식 표현 방식이 탄생했다. 튜링기계는 기계적으로 판단하는 방식으로는 풀 수 없는 수학 명제가 있다는 것을 증명하기 위해, 기계적 계산이 뭔지를 정의하는 과정에서 나왔다. 튜링기계는 수학을 형식 체계로 구성하고자 한 힐베르트의 아이디어를 도식화한 것으로 볼 수 있다. 실제의 수학에서 사용되는 기호들에서 의미를 제거하여 형식적인 기호로 만들고, 추론 규칙에 의해 기계적으로 계산하는 방식이다.

언어로 표현되는 고대의 '판단의 논리 형식', 수학으로 표현되는 근대의 '방정식', 기계적 계산(알고리즘)으로 표현되는 현대의 '컴퓨터 프로그래밍'은 간단하면서도 여러 현상을 포섭하는 일반성을 지니고 있다. 칸트의 '순수 지성 개념의 도식'은 언어적 표현과 수학방정식을 통합하는 과정에서 만들어진 것이다. 컴퓨터 프로그래밍, 즉 튜링기계는 수학방정식을 추상화하는 과정에서 만들어진 것이다. 따라서 『순수 지성 개념의 도식과 튜링기계는 표현의 수단만 다를 뿐이고 그 뿌리가 같을 수도 있다.』

(2) 칸트의 인식모델과 튜링기계의 닮음

칸트의 인식모델, 즉 순수 지성 개념의 도식은 『① 생각하는 나의 밖에 있는 것을 지각하든지, 내 안에 기억되어 있던 것을 떠올리든지 해서 데이터(표상)의 형태로 만든 다음, ② 시간이라는 형식에 맞추어 데이터를 모으고, ③ 그 데이터 조각들을 체계적으로 통합한다.』로 요약된다. 튜링기계는 『① 기호, ② 기호 변환 및 기록 장치, ③ 기호 규칙표』로 구성되어 있다. 칸트의 인식모델과 튜링기계를 대응시켜 보자.

첫째, "*" 등 튜링기계의 기호는, 사람이 오감으로 지각하거나 기억 속에서 끄집어내는 표상(데이터)에 대응한다.

둘째, 튜링기계의 기호들은 네모칸으로 구획된 테이프 위에 기록되고, 지워진다. 사람이 머릿속에서 시간이라는 형식에 맞추어 표상을 모으고 정리하는 것에 대응한다.

셋째, 튜링기계는 규칙표에 따라 작동된다. 사람이 표상의 조각들을 체계적으로 통합하는 것에 대응한다.

여기서 튜링기계와 사람의 인식이 일반적 대응 관계를 넘어서 서로 유사한 방식의 계산 과정이 될 수 있으려면, 표상 각각이 튜링기계의 기호처럼 1개의 자연수(양적인 단위)로 취급될 수 있어야 한다('괴델 수 대응'). 만약 어떤 사람이 고양이가 몇 마리인지를 새고 있다면, 고양이 각각의 표상은 하나의 자연수로 대응할 수 있게 됨으로써, 사람의 생각(고양이 숫자 계산)과 컴퓨터의 계산은 동일한 방식으로 작동되게 된다.

결국, 칸트의 순수 지성 개념의 도식은 '표상을 시간 관계와 일정 규칙에 따라 배치·결합한 것'으로 요약될 수 있다. 튜링기계로 도식화한 기계적 계산이란, '기호를 순서대로 규칙에 따라 배열하는 것'이라고 요약된다.

이렇게 요약해 놓고 보면, 칸트의 순수 지성 개념의 도식과 튜링의 기계적 계산은 닮았다. "숫자로 뭘 계산하고 있는 사람과 유한한 개수의 정해진 규칙만 가능한 기계는 유사하다."[11]라는 튜링의 주장과 부합된다. 칸트는 순수 지성 개념의 도식 두 번째 원칙을 '지각의 예취'라고 칭하며 감각적 느낌도 '내포량 또는 도(度)'로 수치화

---

11)『기계학습을 다시 묻다』 7쪽

해서 인식한다고 봤다. 오늘날 딥러닝의 핵심기술은 시각, 청각 등으로 감지되는 데이터를 효과적인 방식으로 수치화하는 것이다. 딥러닝 등 인공지능의 성과는 칸트가 파악하려고 했던 사람의 인식시스템을 더 깊이 이해하는 실마리가 될 수도 있다.

(3) 칸트의 인식모델과 튜링기계의 차이

하지만 두 가지 점에서 사람의 인식과 튜링기계의 기계적 계산은 큰 차이가 난다.

첫째, 튜링기계의 기계적 계산은 엄밀히 규정되어 있다. 그것은 일련의 5순서열에 따른 조작을 뜻하며 각각의 조작들은 분명하다. 사람의 인식에서도 튜링기계에서의 계산과 같이 엄밀하게 규정될 수 있는 것도 있지만, 논리로 파악하기 어려운 상식과 직관에 기반을 둔 것도 많다. 튜링도 "이 논문에서 참/거짓만 있는 순수한 논리 체계로 만들 수 있는 세계의 한계를 보였다. 상식적인 느낌 혹은 직관을 배제하고, 참/거짓으로 딱 떨어지는 논리적으로만 할 수 있는 일에 명백한 한계가 있다는 것을 증명했다."라고 했다.[12] 사람은 상식과 직관으로 생각하고 판단하기도 하지만 튜링기계의 규칙표로는 그 상식과 직관을 모두 담을 수 없다는 것이다.

둘째, 사람의 생각 과정에서는 생각의 주체인 사람이 데이터의 규칙을 만들지만, 튜링기계의 작동에서는 작동의 주체인 튜링기계가

---

12) 『기계학습을 다시 묻다』 92쪽

아니라 사람이 데이터의 규칙을 대신 만든다.

튜링기계의 기계적 계산과 사람의 인식과의 이 두 가지 큰 차이를 보완하여, ① 튜링기계가 스스로 규칙표를 만들도록 하고, ② 그를 통해 사람이 상식과 직관으로 하는 생각과 판단도 기계적 계산으로 구현할 수 있도록 한 것이 '기계학습'이다.

덧붙여, 칸트에 의하면 사람은 인류에게만 고유한 시간, 범주 등의 선험적 형식에 따라 대상을 인식한다. 그렇다면 컴퓨터의 기계적 계산은 사람이 이해하지 못하는 전혀 다른 방식으로 작동될 수도 있다. 12개의 범주의 범위를 벗어난 방식으로 개념을 형성하고 판단할 수도 있는 것이다.

02
기계학습으로 풀어보는
상상력과 판단력의 수수께끼

1. 규칙 기반 프로그래밍 vs 기계학습

컴퓨터 프로그래밍의 방식은 '지식 기반'(knowledge based)과 '기계학습'(machine learning)으로 나눌 수 있다.

지식 기반(knowledge based) 또는 규칙 기반(rule based) 방식은 언어와 논리로 알고리즘을 미리 짜 입력하여 방식을 취한다. 지식을 프로그램 안에 심어 놓고, 논리 추론 시스템이 지식을 가지고 작동하는 방식이다. 프로그래머는 컴퓨터에게 시키고자 하는 작업을 이해한 상태에서 프로그래밍을 진행한다. 'A이면 B를 한다'는 식으로 규칙을 미리 정해준다. 곱하기 계산 등 지식이나 규칙으로 정형화될 수 있는 문제는 이 프로그램 방식으로 풀 수 있다. 결과값이 고정되어 있거나, 오류 없이 100% 정확한 규칙을 구현해야 할 때는 규칙 기반 방식이 적합할 수 있다.

그러나 꽃 이름 식별 문제 등 사람들이 쉽게 풀지만 어떻게 알아맞히는지를 언어와 논리로 잘 설명이 안 되는 문제도 있다. 사람들은 일상생활에서 부딪히는 여러 문제를 딱 들어맞는 지식 없이 잘 해결하지만, 지식 기반 프로그래밍으로는 이러한 사람의 지능을 따라가기 힘들다. 사람들은 각자 다른 방식으로 꽃의 특성을 파악해서 꽃 이름을 잘 식별한다. '꽃의 잎은 어긋나고 깃 모양이면 장미다' 등의 정해진 규칙에 끼워 맞추어 각양각색의 꽃을 구별하는 것이 아니다. 장미꽃의 특성을 세세하게 분석하여 규정화하는 규칙 기반 프로그래밍으로는 이러한 사람의 직관력을 쫓아가기 힘들다.

이에 비해 기계학습(machine learning) 방식을 취하면 꽃 식별 문제 해결에 훨씬 더 효과적이다. 기계학습은 문제풀이 방법인 소프트웨어를 미리 컴퓨터에 주입하는 것이 아니라 컴퓨터가 스스로 그 방법을 찾도록 한다. 프로그래머는 그 일을 이해하지 못한 상태에서도 컴퓨터에 일을 시킬 수 있다. 학습을 통해 데이터에 있는 패턴을 찾아 문제풀이 방법을 만들어내는 것이라서, 문제 해결 방법을 언어나 논리로 설명하기 어려운 분야에서 특히 활용도가 높다.

논리적으로 풀기 어려운 감각적, 직관적 작업을 해결하기 위해, 기계학습은 통계와 확률을 활용한다. 그 통계와 확률은 방대한 데이터베이스가 뒷받침해 줌으로써 신뢰성이 확보된다. 항상 100% 정답을 내는 것을 포기하고, 시행착오를 통한 학습으로 오답률을 줄여나가는 방식이다. 학습한 모델이 틀린 답을 낼 확률을 수학적으로 분석하고 원하는 수준에서 관리하면 된다. 대체로 데이터를 많이 사용할수록, 학습시간을 더 많이 할애할수록 오답률은 낮아진다.

2. 간단한 원리로 만들어진 '퍼셉트론' 기계학습 알고리즘

로젠블라트(Frank Rosenblatt)가 1950년대에 제안한 퍼셉트론 (perceptron) 알고리즘으로 기계학습의 기본적인 작동방식을 살펴보자.13) 퍼셉트론은 인공신경망(artificial neural network)의 기원이 되는 알고리즘으로 그 작동원리가 간단하다.

(1) 기본구조

예를 들어 데이터로 두 종류의 꽃 A, B 사진과 그 꽃들의 길이 (x)와 너비(y)가 주어진다. 데이터 명세는 다음과 같다.

입력데이터

	길이(x)	너비(y)
B1	1	2
B2	2	3
B3	3	3
A1	3	1
A2	4	2
A3	5	2

이 데이터를 x, y축 그래프에 표시하면 다음과 같다. 각 점은 3 x-4y=3이라는 직선식으로 경계를 나눌 수 있다.

$3x - 4y > 3$(직선의 경계 아래쪽)에 해당하면 A이고, 그 경계 위쪽

---

13) 이하는 『기계학습을 다시 묻다』 71쪽~74쪽을 참조하여 재구성하였다.

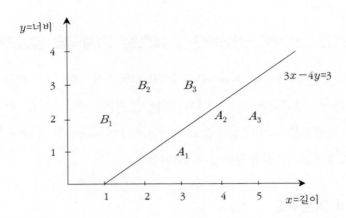

에 있으면 B이다.

　물론 데이터를 나누는 경계선 $3x-4y=3$가 미리 주어지는 것이 아니다. 주어지는 훈련 데이터를 가지고 학습을 통해 직선식의 변수를 수정해 가며 최종적으로 $3x-4y=3$을 찾는 것이 기계학습이다.

　이렇게 찾은 $3x-4y=3$을 이용하면 새로운 데이터가 주어질 때 A, B 중 무엇에 해당하는지 믿을만한 예측을 할 수 있다. 새로운 데이터 (3, 4)가 주어질 때 직선 위쪽에 있으므로 B로 예측할 수 있다.

(2) 훈련 데이터, 알고리즘, 학습

① 퍼셉트론 알고리즘에서 제공되는 '훈련 데이터'는 두 가지 종류의 정답(A, B)과 각각의 정답에 해당하는 특성들(x, y)이다.

② 퍼셉트론의 '알고리즘'은 특성에 변수를 곱한 후 이를 더하는

방식으로 구성된다. $ay+by>c$ (x, y는 특성, a, b, c는 변수)

③ 훈련 데이터들을 가설($ay+by>c$)에 하나하나 대입하면서 매
번 가설을 유지하거나 수정하는 방식으로 '학습'한다.

설명을 간단히 하기 위해 $c=0$으로 놓고 $0x+0y>0$에서 시작한
다고 하자. B 꽃인 훈련 예를 가설에 대입했을 때 만약 B 꽃이라고
답을 맞히면 가설을 유지한다. 반대로 B 꽃인 훈련 예 (u, v)를 A 꽃
이라고 현재 가설이 잘못 분류했으면(즉, $au+bv \leq 0$이라서), 알고리즘
은 a를 u만큼 키우고 b를 v만큼 키운다. 가설에서 왼편 식이 $(a+u)$
$x+(b+v)y$가 된다. 이러면 틀리게 분류했던 예 (u, v)에 대해서 $(a+$
$u)u+(b+v)v$가 된다. 이 값은 이전보다 u^2+v^2만큼 큰 거고 따라서
0을 넘을(제대로 분류할) 가능성이 더 커진다. 반대 경우로, A 꽃을 B
꽃이라고 잘못 분류했으면 a를 u만큼 줄이고 b를 v만큼 줄인다. 이
러면 가설의 왼편 식이 $(a-u)x+(b-v)y$가 되고, 같은 예에 대해서
u^2+v^2만큼 줄어서 0 아래로 내려갈(제대로 분류할) 가능성이 커진다.
훈련 데이터들이 어느 순서로 퍼셉트론 알고리즘에 먹여지냐에 따라
서, 경계선 가설이 상당히 다른 모습을 거치며 다듬어지게 된다.[14]

---

14) 『기계학습을 다시 묻다』 73쪽~75쪽

3. 감성과 지성을 일치시키는 상상력과 판단력

(1) 감성과 지성을 매개하는 상상력

아이들에게 고양이 실물이나 그림을 보여주고 고양이라고 가르쳐주면 많은 사례를 보지 않더라도 금방 학습해서 고양이를 판별할 수 있게 된다. 그런데 고양이의 종류는 다양하고, 닮은 동물도 많아서 고양이 식별 문제는 생각보다 쉽지 않다. 아이들에게 고양이를 그려보라고 하면 제각기 다르게 그리고 제대로 표현하지 못하는 경우도 많다. 아이들은 어떻게 고양이를 인식하고, 식별할 수 있을까? 칸트의 대답은 다음과 같다.

감성의 작용인 직관과 지성의 작용인 개념은 성격이 전혀 달라 섞일 수 없는데, '상상력(또는 구상력)'이 둘을 연결하는 매개체 역할을 한다. 감성은 대상을 받아들이는 수용성을 특징으로 하고, 지성은 자발성을 특징으로 한다. 상상력은 직관으로 받아들여진 잡다한 내용을 모아 결합하는 자발성을 특징으로 하는 점에서 일면 지성적이다. 그러나 상상력의 종합을 통해 만들어지는 결과물은 도식이라는 점에서 추상적 개념을 만드는 지성과 달리 일면 감성적이다.

상상력이란, 시간상으로 펼쳐져 있는 감각자료를 종합해주는 능력이다. 상상력의 작용은 '종합'과 '도식'으로 나누어진다. 종합(synthesis)은 다양한 것들을 모아 결합하는 것이다. 예컨대 여러 가지 종류의 고양이라는 짐승에서 고양이라는 개념(공통점)을 얻기 위해서는 먼저, 제각각의 고양이가 가지는 구체적인 특색들을 쪼개거나 모으거나 그 특색들의 위치를 바꾸어 새로 조합하는 등의 종합이 필요하다.

상상력에 의한 종합의 결과물이 도식(圖式, scheme)[15]이다. 상상력의 종합을 통해 고양이라는 개념에 대응하는 어떤 네발짐승의 형태를 일반적으로 그려내는 도식이 만들어진다. 이 도식을 통해 어떤 짐승을 보고 고양이에 해당한다고 판단한다. 개념이 경험화되는 것이다. 이 도식이 있어야만 개념 속에 경험적 직관이 포섭될 수 있다.[16]

삼각형의 도식은 여러 가지 세모 모양의 형상을 삼각형의 개념에 따르도록 한정하는 일반화된 형상이다. 삼각형의 개념을 알기 위해서는 '세 개의 점과 세 개의 선분으로 이루어진 다각형'이라는 정의만으로는 부족하다. 삼각의 형태를 떠올려야만 삼각형의 개념을

개념의 경험화 개요도

	물자체	→	현상	→	도식	→	개념
	?				♣		나무
선험적 형식		시공간		종합/도식		범주	
인식능력		감성		상상력		지성	

---

15) Schema의 어원은 像이되 그것은 고정된 형상이 아니라 동적인 것이다. (『순수이성비판』 118쪽)
16) 『순수이성비판』 120쪽~121쪽, 『칸트의 비판철학』 111쪽

이해할 수 있다. 또한 추상적인 삼각형의 개념만으로는 각양각색의 구체적 형상이 삼각형에 해당하는지 판단할 수도 없다. 도식이 있어야만 개념 속에 경험적 직관이 포섭될 수 있다. 삼각형을 인식하거나 판단할 때, 사람마다 떠올리는 형태는 다르겠지만 삼각형의 개념에 들어맞는 공통적인 형상을 머릿속에서 상상하여 그린다.

⑵ 재생적 상상력, 선험적 상상력

지성적인 속성과 감성적인 속성을 모두 가지는 상상력은 종합과 도식으로 직관과 개념을 연결한다. 선험적 상상력에 의해 개념에 대응되는 도식이 만들어진다. 그런데 이와는 다른 종류의 상상력인 재생적 상상력도 있어 구분이 필요하다.

'재생적 상상력'은 개별적인 형상을 만들어낸다. 고양이를 직접 보지 않더라도 상상력을 발휘해서 여러 가지 고양이의 모습을 머릿속에 그릴 수 있다. 또한 여러 가지 세모 모양을 상상력으로 구상할 수 있다. 고양이나 삼각형의 개념과 상관없이 제각각의 모양으로 그려내는 형상은 재생적 상상력이라는 경험적 능력의 산물이다.

'선험적 상상력'은 개념에 대응되는 도식을 만들어낸다. 삼각형의 도식은 상상력의 종합의 규칙으로서, 삼각형이라는 개념에 대응하는 일반적 형상이다. 세 개의 점과 세 개의 선분으로 이루어진 다각형이라는 개념(공통점)을 형상화한 것이다. "도식에서 표상되는 것은 개별적인 것의 경험적 모양이나 개별적인 것에서 유리된 보편자의 개념이 아니라, 형상을 만들어내는 규칙의 색인(index)이다."[17]

(3) 감성과 지성을 일치시키는 상상력과 판단력

고양이의 도식을 활용하여 어떠한 사물을 보고 고양이에 해당한다고 판단하고, 그 판단이 맞았다면 감성과 지성이 일치한다고 볼 수 있다. 그러면 사변적 인식에서 감성과 지성이 일치한다는 것의 일반적 의미는 무엇일까?

어떻게 성격이 전혀 다른 감성과 지성이 일치함으로써 경험인식을 가능하게 하는지에 대해, 칸트는 상상력이 감성적, 지성적인 면을 모두 갖추고 있으므로, 둘을 연결할 수 있다고 본다. 또한 칸트는 도식을 만들어내는 상상력의 기능 없이는 어떠한 인식도 가질 수 없되, 사람은 이러한 기능을 드물게만 의식하고 있다고 한다. 상상력은 사람 마음의 깊은 곳에 숨겨진 기술로서 그 참 기량을 명백히 정시하기는 힘들다고 하며, 그는 다음과 같이 상상력의 작동방식에 관해 좀 더 상세하게 설명한다. "상상력은 우리가 전혀 파악할 수 없는 방식으로 개념에 대한 기호를 상기할 줄 안다. 대상의 형상과 형태를 서로 다른 종류의 또는 한 종류의 무수하게 많은 대상으로부터 재생할 줄도 안다. 한 형상을 다른 형상 위에 포개어놓고, 같은 종류의 많은 형상을 합치시킴으로써 이 모든 형상에 공통의 척도가 되는 중간치적인 것을 끌어낼 줄도 안다."18)

사물들의 형상에서 특성들을 쪼개고 추출하여 재결합하는 등으

---

17) 『임마누엘 칸트』 132쪽
18) 『판단력비판』 234쪽

로 형상이 점점 추상화되고, 나중에는 개념에 부합되는 골격인 도식만 남는다. 감성에서 지성으로 바로 건너뛸 수는 없고 상상력을 매개로 점점 추상화되는 과정이 감성과 지성의 일치 과정이라고 할 것이다. 그렇더라도 뼈대만 남긴 도식이 어떻게 아무런 형상이 없는 개념과 들어맞을 수 있는지는 여전히 의문이 남는다. 상상력의 종합은 지성적인 면을, 상상력의 도식은 감성적인 면을 가진다는 양면성으로, 상상력이 감성과 지성을 연결할 수 있다는 것은 충분히 설명될 수 있다. 그러면 감성과 지성의 연결을 넘어서는, 이 둘의 조화 또는 일치를 상상력이 어떻게 만들어낼까?

결국 감성과 지성의 일치는 판단에서 발생하는 문제이다. 지성은 규칙의 능력이고, 판단력은 그런 규칙 아래로 포섭하는 능력이다. 칸트는 의사의 진단, 재판관의 판단을 예로 들며 판단력을 특유의 타고난 인식능력으로 본다. "일반논리학은 개념·판단·추리 안에 있는 인식의 형식만을 분석적으로 떼어내어, 지성이 작용될 때의 형식적 규칙을 정립한다. 지성은 이런 규칙들에 의해서 가르침을 받을 수 있고 보강될 수 있다. 반면, 판단력은 가르쳐지지 않고 연마될 뿐이다. 판단력은 교육으로도 보충될 수 없는 천부의 자질이다. 의사·재판관·정치가는 각자의 분야에서 병리학·법률·정치에 관한 많은 훌륭한 규칙들을 머릿속에 가질 수 있다. 그렇지만 그것의 적용에서는 잘못을 범하기가 쉽다. 그 까닭은 일반적인 것을 추상적으로 통찰할 수 있는 지성이 부족해서가 아니다. 천부의 판단력이 부족해서 구체적인 예가 어떤 규칙에 속하는지 여부를 식별할 수 없거나 실례나 실무에 의해서 판단에 충분히 숙달되지 못했기 때문이다."[19]

감성과 지성 사이 일치의 마지막 퍼즐을 맞추는 것은 감성, 상상력, 지성과 구별되는 특유의 인식능력인 판단력이다. 상상력이 감성과 지성을 매개하지만, 직관의 다양에 들어맞는 개념을 사용하도록 하는 일은 판단력이 맡기 때문이다. 개념은 직관의 다양에 대한 가능한 형식일 뿐이다. 직관의 다양이 지성에 의해 만들어진 규칙 아래 종속하는지 여부를 판정하는 역할은 판단력이 맡는다.

상상력의 창조적인 활동의 산물인 도식은 개별적 경우들을 개념 아래 포섭시킬 수 있는 조건을 제시함으로써 판단에서 핵심적인 역할을 맡는다. 회페(Otfried Höffe)는 "판단력은 직관의 성격과 개념의 성격을 동시에 지닌 도식을 활용하여, 개념을 그때그때 주어지는 직관적 재료와 사례에 맞게 끌어댈 수 있다."라고 한다.[20] 들뢰즈는 "지성의 개념을 적용하기 위해서는 상상력의 창조적인 활동의 산물인 도식이, 개별적인 경우들에 개념 아래 포섭될 수 있는 조건을 지시할 수 있어야 한다. 지성 자신이 판단한다고 생각하는 것은 잘못이다. 지성은 개념을 오로지 판단하는 데 사용할 수 있을 뿐이다. 이 사용은 상상력의 고유한 활동이다."[21]라고 한다.

지성으로 규칙을 이해했다고 하더라도, 판단력이 부족하거나 훈련이나 실무를 통해 충분히 숙달되어 있지 않으면 규칙을 구체적인

---

19) 『순수이성비판』 116쪽
20) 『임마누엘 칸트』 132쪽
21) 『칸트의 비판철학』 111쪽

사례에 적용할 때 잘못을 범하기 쉽다. 다시 말하면, 판단을 잘하기 위해서는 먼저 개념을 잘 이해해야 하고, 그다음 시행착오를 거쳐 그 개념의 적용에 숙달되어야 한다. 각각의 꽃 형상이 그 개념에 대응하는 도식에 들어맞는지를 판별할 때는, 딱 맞는 규정을 단번에 적용하는 방식으로 감성과 지성의 일치가 이루어지지 않는다. 상상력과 판단력에 의해 종합과 도식화를 반복해 가며 학습함으로써 정답률을 높여가는 방식으로 이루어진다. 학습이 잘 되어 그 꽃에 해당하는 도식이 머릿속에 잘 그려져 있으면, 어떤 꽃에 해당하는지를 쉽고 정확하게 판별할 수 있다. 개념의 핵심적인 내용을 정확하고 간략하게 요약할 줄 아는 사람이 통상 복잡한 사례의 판단도 잘한다. 어렵고 복잡한 문제일수록 효율적으로 도식화를 잘해야 문제를 풀 수 있는 것이다.

〔4〕 감성과 지성을 일치시키는 상상력과 판단력의 수수께끼

'판단력이 상상력을 매개로 감성과 지성의 일치시키는 과정'을 다음과 같이 요약할 수 있다. 『감성과 지성의 일치는 판단을 통해 이루어진다. 개념에 대응하는 도식을 만들어 이 도식을 개별적인 현상의 내용물에 적용한다. 시행착오와 학습, 숙달과 연마를 밟으면서 도식을 수정해 가는 과정을 통해 판단력의 정확도가 높아짐으로써 감성과 지성의 일치가 이루어진다.』 그럼에도 여전히 풀리지 않는 수수께끼가 남아 있다. 칸트는 상상력을 '마음속 깊이 숨겨진 기술'이라고 하고, 판단력을 '천부의 재능'이라고 했기 때문이다.

들뢰즈는 사변적 영역에서 지성과 감성이 어떻게 일치할 수 있는지는 여전히 미스터리로 남아 있다고 한다. 도식은 개념 외적이기에, 어떻게 도식이 지성과 감성의 조화를 보충할 수 있는지 분명치 않다는 이유에서다. 그는 기적에 호소하는 방법 말고는 감성이 지성과의 조화를 보증해 주는 어떤 것도 가지고 있지 않기 때문에 순수이성비판에서 이 문제의 해결을 기대할 수 없다고 한다. 하지만 지성이 규정성에서 벗어나 상상력과 자유로운 일치를 할 수 있는 미적 판단에서는 능력들의 일치 근거 혹은 공통감각의 발생 문제를 다룰 수 있다고 한다.[22]

4. 기계학습으로 객관화되는 상상력과 판단력의 수수께끼

(1) 규칙 기반 판단과 도식 기반 판단

사람들은 일반적 논리 규칙이나 건축설계, 병리학, 법률 등 특정 분야의 지식을 활용하여 체계적이고, 세밀하게 규칙을 짜서 복잡하고 어려운 문제를 잘 해결한다. 미리 정해둔 규칙 또는 개념으로 구체적 사안의 부합 여부를 판단하므로, '규칙 기반 판단'이라고 이름 붙일 수 있다. 또한 사람들은 마땅한 이론이나 설명이 없어도 실생활에서 어려움을 잘 해결한다. 예를 들어 고양에 대한 개념이나 지

---

22) 『칸트의 비판철학』 56쪽

식을 가지고 고양이를 판별하지 않는다. 고양이의 구체적 형상들의 공통점을 찾아 머릿속에서 그려진 일반적, 추상적 형상인 도식에 따라 판정한다. 그래서 '도식 기반 판단'이라고 이름 붙일 수 있다.

지식과 규칙을 활용하여 미리 프로그램을 짜서 컴퓨터에 주입하고, 그 프로그램에 따라 데이터를 처리하는 '규칙 기반' 프로그래밍은 사람의 규칙 기반 판단에 대응한다. 프로그램을 미리 컴퓨터에 주입하는 것이 아니라 학습으로 적절하고 효과적인 프로그램을 찾도록 하는 '기계학습' 프로그래밍은 사람의 도식 기반 판단에 대응한다.

(2) 도식 기반 판단과 기계학습의 유사점

도식 기반 판단과 기계학습을 비교해 보자. 이 둘은 문제풀이 방법을 찾는 방식이 유사하다. 그리고 문제풀이 방법을 설명 못 할 수도 있다는 점, 100% 정답이 아닐 수 있다는 점에서 공통점이 있다.

첫째, 문제풀이 방법을 찾는 방식이 유사하다.

① 도식 기반 판단에서, 직관의 작용으로 꽃(A, B)을 지각한다. 기계학습에서, 꽃(A, B)이 데이터로 입력된다.

② 도식 기반 판단에서, 상상력의 작용 중 종합으로, 꽃의 특성인 꽃잎 길이(x)와 너비(y)를 모은다. 기계학습에서, 꽃잎 길이(x)와 너비(x)를 더한다.

③ 도식 기반 판단에서, 시행착오와 숙달을 통해, 상상력의 작용 중 도식화로, 꽃이 A인지 B인지를 판별하는 도식을 만들어낸다. 기계학습에서, 모델 학습을 통해, 꽃이 A인지 B인지

판별하는 문제 해결 방법인 $3x-4y=3$을 찾아낸다.

④ 도식 기반 판단에서, 판단력의 작용으로, 꽃이 어떤 개념에 해당하는지, 즉 A 꽃인지 B 꽃인지에 대해 도식을 활용해 판단한다. 기계학습에서, 문제 해결 방법인 $3x-4y=3$을 활용해 A인지, B인지 판별한다.

사람이 숙달의 과정을 거쳐 빠르고 정확한 판단을 할 수 있는 도식을 그려내듯이, 퍼셉트론과 같은 기계학습 알고리즘은, 데이터 특성의 입력, 가설 수정을 통한 학습을 통해 효율적이고 정확도 높은 소프트웨어(문제 해결 방법)를 만든다. 데이터 특성의 더하기와 모델 목표에 적합한 소프트웨어 탐색은 상상력의 종합과 도식에 대응한다. 학습을 통한 변수 조정과 정답률 향상은 숙달을 통한 판단의 정확도 향상에 대응한다.

둘째, 문제 해결 방법을 설명 못 할 수도 있다는 점에서 공통점이 있다.

사람들은 꽃을 보고 어떤 꽃에 해당하는지 쉽게 판별할 수 있지만, 그 꽃이 A에 해당하는 근거를 설명하라고 하면 쉽지 않다. 시행착오를 거쳐 A 꽃에 대한 도식이 형성되고, 그 도식에 따라 A 꽃인지 아닌지를 판별하지만, 그 도식이 무엇인지 말로 설명하기는 쉽지 않다.

앞서 든 기계학습의 예는 특성이 x, y 두 가지밖에 없어 문제 해결 방법을 $3x-4y=3$이라고 확정 가능했다. 그러나 딥러닝처럼 알고리즘이 복잡해지고, 특성과 변수의 개수가 많아지면 학습을 통해 어떤 소프트웨어를 만들어냈는지조차 알 수 없다. 사람이 마땅한 이유를 댈 수 없어도 도식에 따라 꽃을 잘 판별하듯이, 기계학습에서는 학습을 통해 만들어진 소프트웨어인 꽃 식별함수가 어떤 것인지 이해할 수 없어도 꽃 판별에서 효과적으로 작동한다.

셋째, 100% 정답이 아닐 수 있다는 점에서 공통점이 있다.

전문적인 영역인 법 적용을 예로 들어보자. 아무리 법을 열심히 공부하더라도, 복잡하고 미묘한 사안일수록 정확한 법률 적용을 하기는 쉽지 않다. 사안별(case by case)로 법이 다르게 적용되는 것처럼 느껴질 수도 있지만, '감'이 좋은 또는 리걸 마인드(legal mind)가 잘 형성되어 있는 법률가는 정답 또는 최선의 답을 찾을 수 있다. 이 말로 표현할 수 없는 '감'이 숙달 과정에서 만들어진 일종의 도식일 것이다. 그렇지만 복잡하고 미묘한 사안에서 법률가들의 판단이 틀리는 경우도 많다는 것을 인정하지 않을 수 없다.

기계학습도 항상 100% 정답을 내는 것을 포기하고, 시행착오를 통한 학습으로 오답률을 줄여나가는 방식이다. 학습한 함수가 틀린 답을 낼 확률을 수학적으로 분석하고 원하는 수준에서 관리하면 된다.

(3) 기계학습으로 풀어보는 수수께끼의 정체

기계학습과 도식 기반 판단을 비교할 때, 데이터의 특성을 모으는 것은 종합, 문제풀이 방식을 찾아가는 것은 도식화, 학습은 판단의 반복에 대응한다. 저자는 『기계학습으로 도식 기반 판단에 대응하는 문제풀이 방식을 찾아냄으로써, 상상력의 마음속 깊이 숨겨진 기술과 판단력의 천부의 재능이 수학적으로 객관화될 수도 있다는 것을 증명했다.』라고 생각한다.

사람이 만들어낸 도식이 무엇인지 설명하기 어려울 때도 있듯이, 기계학습 과정에서 찾아낸 문제풀이 방법이 어떤 것인지 알기 어려운 경우도 많다. 그것은 수학방정식(equational)으로 찾는 것이 아니라, "통계와 확률" 등의 수학을 활용하되, 기계적 계산(computational, 프로그래밍)의 방식으로 찾는 것이기 때문이다.

찾아낸 답이 100%라고 보장되지 않는다. 감성과 지성의 완벽한 일치를 목표로 하지 않으면 풀 수 있는 문제가 훨씬 많아진다. 학습을 통해 오답률을 줄여나가는 방식으로 '판단력을 강화'한다. 학습한 함수가 틀린 답을 낼 확률을 수학적으로 분석하고 원하는 수준에서 '도식의 정확도를 관리'하면 된다. 판단력의 품질은 타고난 재능과 숙달의 정도에 의해 결정된다. 성능 좋은 알고리즘과 학습에 필요한 많은 양의 데이터 확보와 충분한 학습시간 할애가 기계학습의 성공을 좌우하듯이.

튜링은 "사람의 생각 과정은 아직 불가사의하지만, 생각하는 기계를 만들려다 보면 사람이 어떻게 생각하는지 이해하는 데 큰 도움을 받을 거라 믿는다."[23]라고 했다. 사람들은 마땅한 이론이 없어도 상상력의 '마음속 깊이 숨겨진 기술'과 판단력의 '타고난 재

---

23) 『기계학습을 다시 묻다』 231쪽

능'을 발휘하여 문제해결 방법을 찾아낸다. 이러한 생각 과정의 불가사의는 기계학습의 성과와 발전의 도움으로 차츰 해명될 수도 있다고 본다.

[4] 수수께끼의 배후

상상력이 종합한 자료들은 통합되지 않으면 단편적인 조각들에 불과하다. 상상력에 의해 합쳐진 형상의 조각들에서 도식을 뽑을 수 있으려면 이 조각들이 체계적으로 통합되어야 한다. 즉 도식을 찾아내는 배후에는 지성의 통합작용이 숨어 있다. 상상력이 도식을 만들지만, 그 통합의 힘은 지성한테서 나온다.

사람들이 손글씨로 '6'이라는 숫자를 쓸 때는 각자 자신만의 필체가 있다. 그래도 사람들은 손글씨가 '6'에 해당하는지 잘 판별한다. 사람들의 머릿속에는 '6'에 대응하는 도식이 그려져 있고 말로 설명할 수는 없지만 어느 정도 공통적인 척도도 있기 때문이다. 도식의 뒤에는 '숨은 규칙성'이 있다. 『규칙 기반 판단에서는 규칙이 명시적으로 드러나지만, 도식 기반 판단에서는 규칙이 숨어 있다.』 도식의 배후에서 작용하는 지성은 명확한 개념일 수도 있고, 개념으로 확립되어 있지 않을 수도 있다.

'기계학습' 프로그래밍이 발달하면서, 그동안 컴퓨터로 잘 풀지 못했던 손글씨 판별 등 '도식 기반' 판단의 문제도 해결할 수 있는 길이 열리게 되었다. 도식의 배후에는 지성의 규칙 작용이 숨어 있고, 기계학습은 이러한 지성의 숨은 규칙성을 포착할 수 있기 때문이다.

기계학습은 퍼셉트론 알고리즘과 같이 정답이 주어진 상태에서 학습하는 지도학습(supervised learning)과 정답이 주어지지 않은 상태에서 학습하는 비지도학습(unsupervised learning)으로 나눌 수 있다. 단순 비교에 불과하지만, 도식의 배후에서 작용하는 지성이 개념으로 명확히 확립되어 있으면 지도학습에, 개념으로 확립되어 있지 않으면 비지도학습에 유사할 것이다.

5. 상상력으로 변화에 유연하게 대응하는 창조적 판단

(1) 도식 기반 판단과 기계학습의 차이

기계학습의 작동방식이 사람이 학습을 통해 지식을 습득하고 사고하는 방식과 유사하다고 하더라도, 칸트의 인식모델에 의하면 이 둘은 큰 차이가 난다.

첫째, 사람의 인식에서는 감성과 지성은 성질이 전혀 달라 서로 직접 연결될 수 없어, 양자의 성격을 공유한 상상력이 중간에서 연결한다. 감성으로는 구체적 형상이 감지되고, 지성으로는 추상적인 개념만 만들 수 있는데, 그 사이 상상력이 추상화된 형상을 만들어 연결한다. 이에 대비하여, 기계학습을 비롯한 모든 기계적 계산에서 컴퓨터에 입력되는 정보는 0과 1로 표시되는 디지털 데이터로 변환된다. 이 디지털화된 데이터를 가지고 바로 기계적 계산을 한다. 디지털 정보입력은 감성의 작용에, 기계적 계산은 지성의 작용에 대응되고, 상상력의 작용에 대응되는 것은 별도로 없다.

둘째, 기계학습의 특성 더하기와 변수 조정을 통한 소프트웨어 만들기는 기계적 계산이므로 지성의 활동에 대응되지만, 상상력의 종합 및 도식과 유사하다. 그 이유는 도식 기반 판단에서 상상력의 종합과 도식은 지성의 지시 아래에 있기 때문이다. 지성은 감성에 직접 작용할 수 없고 상상력의 종합과 도식화를 통해 배후에서 간접적으로 작용한다. 컴퓨터 프로그래밍에서 기계학습의 방식을 활용하면 지성이 감성에 간접적으로 작용하는 효과를 거둘 수 있다.

그러나 상상력의 작동은 개념에 따르는 도식을 만드는 것에 한정되지 않는다. 상상력은 지성과는 다른 성질의 인식능력이다. 원래부터 상상력의 역할은 지성의 개념에 제한되지 않는다. 사변적 영역에서 상상력은 이미 가지고 있는 개념에 적합한 도식을 만들어내기도 하지만, 개념에 어긋나는 도식을 만들어 낼 수도 있다. 상상력은 단순히 직관과 개념을 연결하는 작용에만 그치지 않고, 상황의 변화에 따라 직관과 개념을 일치시키기 위해 새로운 개념을 찾아가는 등 창조적인 지적 활동의 원동력이 된다. 기계학습으로 이러한 상상력의 다채로운 활동을 따라갈 수 있을지는 미지수다.

셋째, 미적 영역에서 상상력은 지성의 규정적 지시를 받지 않고 자유롭게 활동하고, 지성은 규정되지 않은 개념으로 활동한다. 상상력은 개념의 지배로부터 벗어나 지성이 만들어내는 세계와는 다른 감각의 세계를 창조한다. 상상력과 지성이 자유롭게 유희함으로써, 참과 거짓이라는 인식의 논리에서 해방되어 감각의 논리라는 자신만의 고유한 질서를 갖추게 된다.

기계학습에서는 디지털 데이터가 기계적 계산으로 처리될 수 있을 뿐이므로, 상상력의 창조적이고 신비로운 작용에 대응되는 것은 없다. 사람에게서는 지성과 상상력의 작용이 명확히 다르지만, 기계학습에서는 기계적 계산만 있을 뿐이다. 감성, 상상력, 지성 등 능력들의 일치가 필요 없는 것이다.

넷째, 컴퓨터의 정보처리는 사람의 인식과 닮았지만, 컴퓨터는 자기 자신에 대한 인식이 없고, 욕망도 없으며, 감정도 느끼지 못하는 기계에 불과하다. 사람은 삶의 주체로서 욕망을 실천하고 아름다움을 느끼며 공감한다. 칸트는 사람 마음의 활동을 인식능력, 욕구능력, 쾌·불쾌의 감정으로도 나누었다. 이러한 마음의 활동들은 '나는 생각한다'라는 '자기의식'에 하나로 통합되고 사람은 '자기 자신', 즉 자아를 인식하고 자기 자신을 실현하며 살아간다. 여기에 대해서는 뒤에서 AI가 사람의 의식을 따라갈 수 있는지를 논할 때 좀 더 자세히 살펴보기로 한다.

(2) 규칙 기반 판단과 도식 기반 판단의 혼용

규칙 기반 프로그래밍은 정형화하기 어려운 문제에 적용되기 어렵고, 상황변화에 대응하는 유연성이 떨어진다는 단점이 있지만, 정확성이나 안정성이 높다는 장점도 있다. 기계학습 프로그래밍은 논리적으로 해답을 찾기에는 너무 복잡하거나 데이터가 방대하거나 직관력에 의존할 수밖에 없는 문제 해결에 장점이 있다. 그러나 기계학습은 확률로 정답률을 관리하고, 예상 밖의 오답이 나오기도 한다는 점에서 정확성과 안정성이 떨어질 수 있다는 단점도 있다. 그래서 대부분의 컴퓨터 프로그램에서는 두 프로그래밍을 혼용한다.

규칙 기반 판단과 도식 기반 판단도 실생활에서 섞여 사용되고 명확히 구분되는 것도 아니다. 사람들은 체계적이고, 세밀하게 규칙을 짜서 복잡하고 어려운 문제를 잘 해결한다. 이러한 규칙 기반 판단에서도 상상력의 역할은 중요하다. 잘 짜인 길잡이, 각종 그래프, 설계도, 지하철 노선도, 조직도, 시간표 등이 있어야만 일을 신속히 효율적으로 처리할 수 있다. 상상력은 보이지 않는 지식에 형상을 부여함으로써 지식을 요약하고 정돈하는 일을 돕는다. 이때 활약하는 상상력은 재생적 상상력이 대부분일 것이다. 개념의 통제하에 만들어지는 일반적 형상인 도식과 달리, 재생적 상상력은 구체적인 형상을 만들어낸다.

사람의 지적 활동이 논리적으로 보여도 논리와 언어로 설명이 되지 않는 경우도 많다. 마땅한 이론이나 설명이 없어도 사람들은 실생활에서 부딪히는 어려움을 잘 해결한다. 이런 경우가 대체로 도식 기반 판단에 해당한다. "도식은 어쩌면 우리 삶에서 개념보다 훨씬 더 친밀하고 근본적인 것일지도 모른다. 원을 떠올릴 때도 개념보다는 도식이 선행하며, 심지어 미국이라는 추상적인 개념을 떠올릴 때조차도 사람들은 미국인이나 성조기 혹은 미국의 한 도시를 상상하기 마련이다."[24]

규칙 기반 판단에서는 감성과 지성만 작동할 것 같지만 재생적 상상력의 역할도 크다. 도식 기반 판단에서는 도식을 만드는 상상력의 역할이 필수적이고 핵심적이지만, 이 도식은 지성의 논리와 규칙에 따라 통제된다. 결론적으로, 사변적 인식에서는 지성이 입법자 역할을 맡고, 상상력과 판단력은 지성과 감성을 일치시키는 조정자 역할을 맡는다.

(3) 변화를 이끌어가는 창조적 판단

신경과학자인 리사 펠드먼 배럿(Lisa Feldman Barrett)에 따르면 우리는 뇌가 인간 고유의 '다섯 가지 C' 능력 세트로 만들어낸 사회적 현실에서 살고 있다고 한다.[25] 창의성(creativity), 의사소통(communication), 모방(copying), 협력(cooperation), 압축(compression)이다. 이 중 압축은 요약이고, 뇌가 추상적 생각을 할 수 있게 한다. 뇌는 감각으로부터 들어오는 데이터를 압축하여, 응집력 있는 하나의 전체로 통합하는 추상화를 한다. 예를 들면 와인 한 병, 꽃다발, 금시계처럼 전혀 비슷하지 않은 것들을 보면서 이것들의 차이를 압축해 내고 그 물건들에 '성취해낸 것을 축하하는 선물들'이라는 유사한 기능이 있음을 찾을 수 있다.[26]

칸트 인식모델의 상상력 작용이 뇌과학의 압축에 해당할 것이다. 압축은 상상력의 종합이고, 추상화는 도식화에 대응한다. 풍부한

---

24) 박영욱 『데리다&들뢰즈, 의미와 무의미의 경계에서』, 김영사 2009, 38쪽
25) 『이토록 뜻밖의 뇌과학』 166쪽
26) 『이토록 뜻밖의 뇌과학』 172쪽

상상력과 데이터, 반복 학습의 노력이 있어야만, 압축과 도식화를 잘할 수 있게 됨으로써, 틀에 박히지 않으면서 현실에 잘 적용이 되는 유연한 판단을 할 수 있다. 어떤 환경에 놓여도 변화에 유연하게 대응하는 창조적인 판단이 감성, 지성, 상상력의 일치가 아닐까?

03 칸트의 인식모델과 에코리즘

1. 밸리언트의 에코리즘

밸리언트는 지식의 종류를 두 가지로 나눈다. 첫째, 이론 있는 (theoryful) 지식은 수학 또는 과학의 지식과 같이 좋은 예측 이론이 있는 것이다. 둘째, 이론 없는(theoryless) 지식은 정확히 예측하는 명확한 모델이 없더라도 적절히 잘해나가는 것이다. 사람들은 경제시스템을 잘 이해하지 못해도 자기 재산을 적절하게 관리할 줄 안다. 말로 정확히 옮길 수 있는 이론이 없어도, 사람들은 복잡한 사회생활 문제들을 직관, 상식, 느낌으로 잘 대처해 나간다. 아이들은 사과나 의자의 예를 몇 개 보고 난 후 새로운 것을 보면 그게 사과인지 의자인지를 구분한다. 아이들은 경험으로부터 일반화를 할 줄 알고 그것도 아주 빨리 해낸다. 물고기와 새는 물체의 움직임에 대한 물리이론을 모르고도 자연에서 잘 생존한다.[27]

---

27) 『기계학습을 다시 묻다』 4쪽~9쪽

생명체들이 어떻게 이론 없이도 복잡한 세상을 잘 헤쳐가는지, 어떻게 그런 능력을 갖추게 된 것인지에 대해, 밸리언트는 공통된 과학법칙으로 설명할 수 있다고 보며, 에코리즘(ecorithm)을 주장한다. 에코리즘(ecorithm)은 에코(eco)와 알고리즘(algorithm)의 합성어다.[28] 주요 내용은 다음과 같다.

생명체들이 어려움을 헤쳐나가는 다채로운 방법은 환경으로부터 학습한 결과이다. 이러한 학습을 통해 개별 개체를 넘어 유전 변형을 통해서 여러 세대를 거쳐 진화한다. 에코리즘은 학습 능력 덕분에 어떤 환경에 놓여도 유효한 행동을 할 수 있는 알고리즘이다. 자연에서 일어나는 학습 현상은 알고리즘, 즉 수학적 모델로 정의될 수 있으며, 이를 PAC 모델이라고 칭한다.

PAC는 probably approximately correct의 약자이고 '얼추거의 맞기'로 번역된다. 첫째, PAC 모델은 학습 과정을 계산 과정으로 본다. 둘째, 그 계산의 연산 횟수가 제한된다. 생명체는 너무 긴 시간을 학습에 쓸 수 없고, 학습 중에 외부 세계와 주고받는 횟수도 비슷하게 제한된다. 셋째, 학습으로는 정보가 항상 맞을 수는 없다는 점에서 '얼추'(probably)가 낀다. '거의'(approximate)라고 한 것은 빼먹는 것이 항상 가능해서다. 더 많은 데이터와 더 많은 계산 시간을 할애하면 학습 결과의 정확도가 높아진다는 것이 수학적으로 확인된다. 다시 말하면 더 많은 수의 사례를 학습하면 오답률이 줄어들고, 오답률

은 수학적으로 분석하여 원하는 수준에서 관리하면 된다.[29]

2. 칸트의 인식모델과 에코리즘, 튼튼논리

지식 생성의 방식은 합리론의 연역(deduction) 또는 이치 따지기(reasoning)와 경험론의 귀납(induction) 또는 학습하기(learning)로 나눌 수 있다. 칸트는 합리론과 경험론과는 다른 선험적 종합판단이라는 제3의 길을 개척하였다. 밸리언트는 에코리즘을 기초로 이치 따지기(reasoning)와 학습하기(learning)의 방식을 통합하여 '튼튼논리(robust logic)'를 주장한다. 튼튼논리는 학습하기와 이치 따지기를 공통된 의미 구조를 가지고 정의하고, '작업보따리'(working memory) 또는 '마음의 눈'이라는 개념을 물밑에서 사용한다.

(1) 밸리언트의 마음의 눈과 칸트의 선험적 형식

인지과학에서 나온 개념인 작업보따리(working memory)는 단기기억, 상상, 주의집중, 의식 등과 관련되어 있고, 다양한 생각의 실타래를 한데 모으는 역할을 한다. 인지 심리학자인 밀러(George Miller)의 '매직 넘버 7±2'(The Magical Number Seven Plus or Minus Two)라는 논문에 의하면, 이 보따리의 용량이 꽤 작다고 한다. 작업보따리 속에 한 번에 넣을 수 있는 것은 일곱 개 안팎이다. 사람이 생각 중 마

---

29) 『기계학습을 다시 묻다』 4쪽~12쪽

음에 동시에 넣고 인지하는 것은 몇 개 안 된다는 것이다. 밸리언트는 작업보따리에 계산 이슈를 포함시켜 보강한 버전을 '마음의 눈'이라고 이름 붙였다.[30)

'마음의 눈'은 외부 세계로부터 입력되는 정보와 머릿속 기억 창고에서 끄집어내는 정보를 모아 아주 간략하게 요약한다. 정보가 간략해야 비현실적인 계산 비용을 피할 수 있고 학습이 가능해지기 때문이다. 또한 마음의 눈을 통해 배운 지식은 실제 세계 경험에서 온 것이지만, 오직 마음의 눈이 걸러내고 마음의 눈에 표현된 정도까지다. 이처럼 마음의 눈은 작지만, 사람의 인지 시스템이 하는 학습 비용을 현실적인 범위 안에 잡아주는 결정적인 역할을 한다. 컴퓨터에도 마음의 눈과 비슷한 것이 있다. 컴퓨터 하드웨어에서 아주 작은 부분을 차지하는 레지스터(register)라는 기억 장치다. 레지스터는 중앙 처리장치 가장 가까이에서 그때그때 필요한 데이터를 잠깐 보관해 준다. 컴퓨터의 레지스터와 사람의 마음의 눈은 역할이 비슷하다. 그때그때의 필요한 정보 조각들을 장기 저장장치에서 불러서 새로운 정보를 조합해내는 데 사용한다. 또 용량이 작다는 점도 유사하다. 레지스터나 마음의 눈은 한순간에 다룰 수 있는 정보 조각이 몇 개 안 된다. 복잡하고 빠른 장치를 대용량으로 갖추기에는 비용이 너무 크기 때문이다.[31)

밸리언트의 마음의 눈과 칸트의 선험적 형식은 다음과 같이 매

---

30) 『기계학습을 다시 묻다』 195쪽
31) 『기계학습을 다시 묻는다』 196쪽~199쪽

우 유사하다.

첫째, 칸트가 찾아낸 인식시스템의 핵심이 시간과 범주라는 선험적 형식으로 구성된 순수 지성 개념의 도식이다. 칸트는 이 인식의 틀이 매우 적은 분량일 것으로 추측했다. 마음의 눈도 학습 비용을 현실적인 범위 안에 잡아주는 데 결정적인 역할을 하지만 그 크기가 매우 작다.

둘째, 선험적 형식은 경험에서 오는 내외의 표상들을 시간이라는 틀에 맞춰 요약하고 범주라는 틀에 따라 체계적으로 정리한다. 마음의 눈도 외부 입력과 내부 기억 창고에 있는 정보를 요약해서 생각이나 학습이 현실적으로 가능하게 해 준다.

셋째, 마음의 눈을 통해 들어온 지식은 실제 세계의 경험에서 온 것이지만 마음의 눈의 관점에서 걸러내기 때문에 객관적이거나 중립적이라고 할 수 없다. 선험적 형식도 직관을 통과한 현상을 근거로 작동하므로, 실제 경험세계에 바탕을 두지만 물자체가 무엇인지는 알려주지 못한다.

(2) 튼튼논리와 선험적 종합판단

이치 따지기 방식(연역)과 학습하기 방식(귀납)은 일상생활과 컴퓨터 프로그래밍에서 섞여 사용된다. 예를 들어 의료진단 모델을 시작할 때는 증상과 몸 상태의 관계에 대해 의사들과 인터뷰한 결과를 잘 반영하여 프로그램한다(이치 따지기). 그다음 실제 경우로 실험하면서 그런 관계를 표현하는 인자들이 재조정된다(학습하기).[32]

튼튼논리에서는 학습하기 방식으로 만든 회로 여러 개를 이치 따지기 방식으로 결합한다. 하나의 학습하기 회로로 해내기에는 무리인 상황들을 두 개 이상의 회로들로 쪼개고 이를 결합하면, 회로 하나만으로는 불가능했던 능력을 얻을 수도 있다.[33] 각각의 회로들은 PAC 학습 방식으로 만들어지고, 이치 따지기로 어떤 회로를 어떤 순서로 결합할지를 결정한다. 예를 들어 아리스토텔레스가 나무를 오른 적이 있는지, 혹은 핸드폰을 가졌었는지에 대한 물음에 답을 한다고 하자. 그가 인간이라는 것을 인지하고 간단한 조건을 확인하면 그가 나무를 올랐을지 여부를 쉽게 판단할 수 있다. 이렇게 질문에 있는 주인공의 생물종을 우선 확인하지 않고, 나무를 탈 수 있는 모든 생물종들의 일반적인 조건을 '하나의 회로로 학습하기에는' 너무 복잡해서 학습 가능한 클래스가 아닐 수 있다.[34]

튼튼 논리 시스템을 요약하면 다음과 같다. 장면들은 복잡한 바깥 세계를 반영하는 자연스러운 확률분포에 따라 마음의 눈을 가진 사람이 인지하는 것들이다. 하지만 사람은 그 확률분포에 대해서는 아무것도 알 필요가 없다. 사람은 그 확률분포에 따라 출현하는 예들을 가지고 규칙들을 학습하고, 그 규칙들로 같은 분포에서 출현하는 새로운 예들을 보고 믿을 만한 판단을 한다(학습하기). 이에 더하여 학습한 규칙 여러 개를 차례로 엮을 때 그 부품 규칙들의 정확도에

32) 『기계학습을 다시 묻다』 183쪽
33) 『기계학습을 다시 묻다』 184쪽
34) 『기계학습을 다시 묻다』 184쪽~186쪽

대한 어떤 보장만 있다면 최종 예측 결과도 정확도에 대한 보장이 된다(이치 따지기).[35)]

칸트의 인식시스템에 따르면, 상상력으로 직관의 내용물을 종합하고, 지성으로 그 내용물을 통합하는 규칙을 찾아낸다. 그 규칙은 명시적으로 설명될 수도 있으나, 도식으로 마음속에서 그려져 있을 수도 있다. 이 도식 속에서 감성과 지성이 상상력에 의해 연결된다. 도식이 잘 그려져 있으면 규칙을 잘 찾아낸 것이고, 그 규칙을 사례에 잘 적용할 수 있다. 도식 기반 판단이 튼튼논리의 학습하기에 대응한다. 또한 지성은 이렇게 그려진 여러 가지 도식 자체를 규칙에 따라 통합할 수도 있다. 이것이 튼튼논리의 이치 따지기에 대응한다.

---

35) 『기계학습을 다시 묻다』 207쪽

1. 개요

　AI는 사람처럼 학습하고 추론할 수 있는 지능을 가진 컴퓨터 시스템이다. 기계학습(machine learning, 머신러닝)은 컴퓨터가 데이터를 학습하고 스스로 패턴을 찾아내 적절한 작업을 수행하는 알고리즘이다. AI의 하위 분야 중에서 지능을 구현하기 위한 소프트웨어를 담당하는 핵심 분야이다. 딥러닝(deep learning)은 기계학습 알고리즘 중에서 인공신경망(artificial neural network)을 기반으로 한 방법들을 통칭한다.

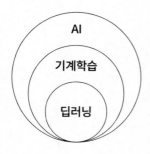

　이 글 중후반부의 '칸트의 실천철학과 AI'에서 현재 개발되어 사용 중인 AI를 분류하고, '칸트의 심미론과 AI'에서 예술 분야의 AI 활용 사례를 다룰 예정이므로, 기계학습, 딥러닝, 생성형 AI의 개념 정도만

간략히 살펴보기로 한다.

2. 기계학습의 분류와 훈련 모델

(1) 기계학습의 분류

기계학습은 크게 지도학습(supervised learning), 비지도학습(unsupervised learning), 강화학습(reinforcement learning)으로 분류할 수 있다.

첫째, 지도학습은 정답이 주어진 상태에서 학습하는 알고리즘이다. 꽃들의 길이(x)와 너비(y)를 데이터의 특성(feature), 꽃의 종류 A, B를 레이블(label, 정답)이라고 하는데, 퍼셉트론 알고리즘에서는 데이터의 특성에 해당하는 정답(레이블)이 입력(input) 데이터로서 미리 주어지기 때문에 지도학습에 해당한다.

지도학습 중 분류(classification)는 여러 개의 종류(클래스, class) 가운데 어디에 속하는지 구별해 내는 것을 말한다. 퍼셉트론 알고리즘은 2개의 종류(A 꽃 또는 B 꽃) 중 어디에 속하는지 고르는 문제이므로 이진 분류(binary classification)에 속한다. 종류가 3개 이상이면 다중 분류(multiclass classification)라고 한다.

지도학습 중 회귀(regression)는 데이터의 특징을 기반으로 연속적인 값을 예측하는 것을 말한다. 예를 들어 사람들의 몸무게, 성별, 나이와 같은 데이터로 키를 예측하는 문제가 여기에 해당한다.

둘째, 비지도학습은 정답이 주어지지 않은 상태에서 학습하는 알고리즘이다. A 꽃과 B 꽃의 특성만 주어질 때 데이터의 특성을 파악하여 비슷한 꽃끼리 분류하는 군집화(clustering)가 대표적인 비지도학습이다. 온라인 쇼핑몰에서 고객을 대상으로 맞춤형 광고를 할 때 고객을 성별, 선호상품 등 특징으로 몇 가지 그룹으로 구분할 때도 군집화가 쓰인다.

비지도학습의 예

입력(feature data)		학습	출력(clustering)
길이(x)	너비(y)		
1	2		B
2	3		B
3	3	⇒	B
3	1		A
4	2		A
5	2		A

지도학습은 정답이 주어진 데이터만을 사용할 수 있으므로 가용 데이터의 양에 한계가 있으나, 비지도학습은 정답이 주어져 있지 않은 데이터의 특성을 학습하여 스스로 패턴을 파악한다. 그래서 많은 AI 전문가들은 미래의 AI 기술은 지도학습이 아닌, 비지도학습이 선도할 것으로 전망한다.

셋째, 강화학습도 목표값이 주어지는데, 레이블(정답)이 아니라 알고리즘이 작동한 결과로 얻은 보상(reward)을 사용해 학습된다. 예를 들면 바둑은 두 사람이 번갈아 수를 놓는 방식으로 진행되는데,

각각의 수를 데이터 샘플로 볼 수 있다. 샘플마다 목표값을 주는 지도학습과 달리, 게임이 다 끝난 후 승패를 따져 승 또는 패, 또는 얻은 점수를 목표값으로 준다. 연속된 샘플의 열에 목표값 하나만 주는 방식이다.[36]

(2) 선형모델인 퍼셉트론 알고리즘

퍼셉트론 알고리즘을 수식으로 나타내면 '$ax + by > c$'이다. 입력 데이터 x, y에 매개변수 a, b를 곱한 후 매개변수 c를 포함해, 각각을 더하는 방식으로 구성된다. 매개변수는 파라미터(parameter) 또는 가중치(weight)라고도 한다. 기계학습을 구현하는 프로그램을 모델(model)이라고 하는데, 퍼셉트론은 직선식으로 표현되는 선형(linear) 모델에 속한다.

퍼셉트론은 $3x-4y = 3$과 같이 직선으로 경계가 나누어지는 경우뿐만 아니라, 복잡한 곡선을 이용해야만 경계를 나눌 수 있는 경우에도 활용될 수 있다. $ax + by + cxy + dx^2 + ey^2 = 0$은 직선식이 아니지만, 훈련 예들을 (x, y) 대신에 (x, y, xy, x^2, y^2)로 간주하면 직선식으로 볼 수도 있다. 이렇게 직선 방정식을 바라보면 퍼셉트론 알고리즘은 광범위하게 활용될 수 있다.[37]

---

36) 오일석, 『기계학습』, 한빛아카데미 2017, 55쪽~56쪽
37) 『기계학습을 다시 묻다』 76쪽

(3) 훈련, 손실함수

훈련은 모델의 최적 파라미터를 찾는 것이다. 퍼셉트론에서는 데이터 x, y를 입력하여 출력되는 A, B가 정답인지 아닌지에 따라 정답을 맞히는 비율을 높이는 방향으로 변수 a, b, c 등을 조정했다. 즉 B 꽃인 훈련 예 (u, v)를 A 꽃이라고 현재 가설이 잘못 분류했으면, 변수 a를 u만큼 키우고 변수 b를 v만큼 키우는 방식으로 최적의 파라미터를 찾았다.

좀 더 복잡한 방식으로 최적의 파라미터를 찾을 수도 있다. 모델의 최적 파라미터를 찾는다는 것은 모델의 실제값(y)과 예측값($\hat{y}$)의 차이 $y - \hat{y}$를 가장 작게 하는 파라미터를 찾는다는 것을 의미한다. 실제값과 예측값의 차이를 계산해주는 함수를 손실함수(loss function)라고 하는데, 학습은 손실함수의 값을 가능한 낮추는 매개변수를 찾는 것이다.

무작정 최적의 매개변수를 찾는 것보다는 매개변수의 기울기를 이용하면 좀 더 효율적으로 최적의 매개변수를 찾을 수 있다. 이때 접선의 기울기는 미분을 이용해 구할 수 있다. 손실함수의 미분이란 '매개변수의 값을 아주 조금 변화시켰을 때, 손실함수가 어떻게 변하는지'를 의미한다. 만약 이 미분값이 음수면 매개변수를 양의 방향으로 변화시켜 손실함수의 값을 줄일 수 있다. 반대로 이 미분값이 양수이면 그 매개변수를 음의 방향으로 변화시켜 손실함수의 값을 줄일 수 있다. 미분값이 0이면 매개변수를 어느 쪽으로 움직여도 손실함수의 값이 줄어들지 않는다. 그래서 매개변수의 갱신은 거기서 멈춘다.[38] 매개변수의 기울기를 구해, 기울어진 방향으로 매개변수 값을 갱신하는 일을 몇 번이고 반복해서 점점 최적의 값에 다가간다. 이것이 확률적 경사하강법(SGD, Stochastic Gradient Descent)이다.[39]

3. 딥러닝

(1) 인공신경망

딥러닝(deep learning, 심층학습)은 기계학습 중에서 인공신경망(artificial neural network)을 기반으로 한 방법들을 통칭한다.

인공신경망의 기본적인 구조는 앞서 설명한 퍼셉트론과 유사하다. 퍼셉트론과 마찬가지로 $ax + by = c$ 형태의 '선형 결합식'을 사용한다. 퍼셉트론은 입력과 출력으로 구성되었으나, 인공신경망에서는 입력과 출력 사이에 은닉층이 추가된다. 인공신경망을 도식화하면 다음과 같다.

x_1, x_2가 입력데이터다. w_1은 x_1에 곱해지는 매개변수이고, w_2는 x_2에 곱해지는 매개변수이다. b는 절편이다. 은닉층 중 첫 번째는 $A_1 = x_1 \cdot w_{11} + x_2 \cdot w_{21} + b_1$으로 만들어진다. 두 번째는 $A_2 = x_1 \cdot w_{12} + x_2 \cdot$

---

38) 사이토 고키, 『밑바닥부터 시작하는 딥러닝』, 개앞맵시 역, 한빛미디어 2017, 119쪽
39) 『밑바닥부터 시작하는 딥러닝』 189쪽

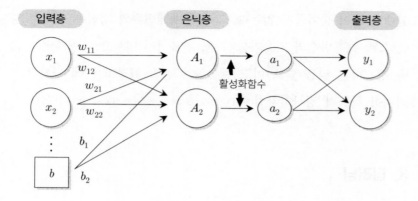

$w_{22} + b_2$로 만들어진다.

  은닉층으로 모아진 값을 다른 은닉층 또는 출력층으로 보내기 전에, '활성화 함수'(activation function)를 통과시켜야 한다. 활성화 함수는 입력 신호의 총합을 출력 신호로 변환하는 함수이다. 선형함수만 사용하면, 은닉층을 아무리 깊게 해도 효과 면에서 은닉층이 없는 네트워크와 달라지는 것이 없다. 은닉층을 쌓는 혜택을 얻고 싶다면 비선형함수인 활성화 함수를 층마다 끼워 넣어 출력값을 변경시켜 줘야 한다. 신경망에서는 '렐루 함수'(ReLU, rectified linear unit)를 활성화 함수로 많이 사용한다. 렐루 함수는 입력이 0을 넘으면 그 입력을 그대로 출력하고, 0 이하면 0을 출력한다.[40]

  요약하면, 퍼셉트론과 인공신경망의 차이는 은닉층이 추가된다는 것이고, 은닉층을 추가한 효과를 살리기 위해서는 활성화 함수를

40) 『밑바닥부터 시작하는 딥러닝』 75쪽~76쪽

덧붙여야 한다.

인공신경망은 매개변수(가중치와 절편)를 랜덤하게 초기화한 다음 학습을 반복하면서 확률적 경사하강법(SGD) 등을 사용하여 손실이 낮아지도록 최적의 가중치와 절편을 구한다.

(2) 합성곱 신경망

사진을 보고 고양이인지 판별하는 문제풀이를 인공신경망으로 짠다고 하자. 사진 이미지를 이루는 가장 작은 단위는 픽셀(pixel)이다. 어떤 사진이 600×400이라고 할 때는 가로 600개, 세로 400개의 픽셀로 이루어진 이미지를 의미한다. 즉 픽셀의 개수는 600×400개이다.

흑백 영상은 각 픽셀의 밝기값을 0~255개 사이 값으로 표현한 이미지이다. 컬러 영상은 3개의 채널로 표현된다. 그 3개 채널은 빛의 3원색인 빨강, 녹색, 파랑이다. 흑백 영상의 픽셀값을 0~255개의 밝기로 나누어 숫자로 표현하였듯이, 빨강 채널의 밝기도 0~255개의 숫자로 표시한다. 녹색, 파랑도 마찬가지이다. 따라서 컬러 사진당 1개 픽셀은 $256^3 = 16,777,216$가지의 색을 만들어 낼 수 있다.

완전연결 신경망에서는 1개의 픽셀이 1개의 입력데이터가 되고, 픽셀마다 변수를 곱하기 때문에, 컬러 이미지 판독에서 입력데이터와 변수의 개수가 지나치게 많아지게 된다. '합성곱 신경망'(Convolutional neural network, CNN)은 입력데이터를 효과적으로 조합하여 변수를 줄이는 방식으로, 딥러닝에서 주로 사용하는 인공신경망이다.

완전연결 신경망과 합성곱 신경망의 차이를 간단한 예를 들어 살펴보자.[41]

입력데이터는 아래와 같다.

1	0	3	1
0	1	2	0
1	0	1	2
2	2	0	3

완전연결 신경망에서는 $1 \times w_1 + 0 \times w_2 + ... + 3 \times w_{16} + b$의 방식으로 선형방정식을 구한다. b는 절편이고, 변수 w는 16개가 필요하다.

합성곱에서는 필터(filter)의 방식으로 변수의 개수를 줄인다.

1	0	3	1
0	1	2	0
1	0	1	2
2	2	0	3

1	0	3	1
0	1	2	0
1	0	1	2
2	2	0	3

1	0	3	1
0	1	2	0
1	0	1	2
2	2	0	3

1	0	3	1
0	1	2	0
1	0	1	2
2	2	0	3

---

41) 이하는 박해선, 『혼자 공부하는 머신러닝＋딥러닝』, 한빛미디어 2020, 426 쪽~441쪽 부분을 참고하였다.

먼저 가장 상단 왼쪽 표의 굵은 테두리 안의 입력데이터로 선형방정식을 만든다. $1 \times w_1 + 0 \times w_2 + ... + 1 \times w_9 + b$가 되고 w는 9개이다.

변수의 집합 w_1, w_2, ..., w_9을 필터라고 한다. 필터를 아래와 같이 지정하면,

1	0	3
0	1	2
1	0	1

$1 \times w_1(1) + 0 \times w_2(0)$ ...... $+ 1 \times w_9(1) = 17$로 계산된다.

그 다음 왼쪽 두 번째 굵은 테두리 안의 입력데이터로 선형방식을 만드는데, 변수는 앞에 사용했던 것을 다시 쓴다. 즉 동일한 필터를 사용한다.

$0 \times w_1(1) + 3 \times w_2(0) + ... + 2 \times w_9(1) = 7$로 계산된다.

이런 방식으로 필터를 해서 4개의 선형방정식을 만든다. 그 입출력 데이터를 특성맵(feature map)이라고 한다.

입력데이터

1	0	3	1
0	1	2	0
1	0	1	2
2	2	0	3

필터

1	0	3
0	1	2
1	0	1

특성맵

17	7
10	11

합성곱 신경망에서는 필터 외에도 패딩, 스트라이드, 풀링 등 다양한 기법으로 입력데이터를 효율적으로 재구성할 수 있다.

위 예시는 1차원적인 흑백 이미지 배열에 해당한다. 컬러 이미지의 경우 빨강, 파랑, 초록의 3차원 배열이 되기 때문에 완전연결 신경망으로 입력데이터를 다루기 쉽지 않다. 완전연결 계층에 입력할 때는 3차원 데이터를 1차원으로 변형시켜줘야 하기 때문이다.

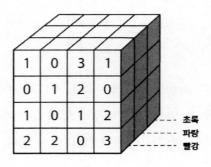

반면 합성곱 신경망을 쓰면 빨강, 파랑, 초록에 해당하는 층별로 나누어 입력데이터를 재구성할 수 있으므로 효과적이다. 빨강, 파랑, 초록의 각 채널에서 서로 밀접하게 관련된 3차원 형상의 공간적 정보가 유지될 수 있다.

합성곱 신경망에서는 매개변수의 수가 줄어들고, 공간적 정보가 유지될 수 있는 외에도, 정보를 계층적으로 추출할 수도 있다. 앞단의 계층에서는 단순한 패턴을, 뒷단으로 갈수록 복잡한 패턴을 추출하도록 학습해야 할 문제를 계층적으로 분해하면 학습의 효율을 높일 수 있다.

4. 생성적 적대 신경망(GAN)

(1) 개요

GAN(Generative Adversarial Networks, 생성적 적대 신경망)은 2014년 이안 굿펠로우(Ian Goodfellow)가 소개한 인공신경망이다. GAN 기술의 핵심은 생성기(G, generator)와 판별기(D, discriminator)로 불리는 2개의 신경망을 이용한다는 점이다. 생성기는 진짜와 닮은 이미지를 만들어내고, 판별기는 그것이 생성기가 생성한 가짜 이미지인지, 실제로 촬영된 진짜 이미지인지를 판정한다. 생성기와 판별기가 겨루도록 학습시켜, 생성기는 더 정교한 가짜 이미지 생성기술을 학습하고, 판별기는 더 정확하게 감별할 수 있는 기술을 학습한다.

판별기(D)의 학습은 두 가지로 나누어진다. 진짜 데이터를 입력해서 이 데이터를 진짜로 분류하도록 학습시키는 과정과 가짜 데이터를 입력해서 이 데이터를 가짜로 분류하도록 학습시키는 과정으로 이루어져 있다. 생성기(G)는 판별기를 속이는 방향으로 학습된다. 판별기가 가짜 데이터를 진짜 데이터라고 잘못 분류할 만큼 진짜 데이터와 닮은 데이터를 만들도록 학습시킨다.

이와 같은 학습 과정을 반복하면 생성기는 진짜 데이터와 구분되지 않는 가짜 데이터를 만들 수 있게 되어, 판별기는 더는 진짜 데이터와 가짜 데이터를 구별할 수 없게 된다.

판별기가 진짜와 가짜 데이터를 구별할 수 없게 된 이유는 무엇일까? 생성기와 판별기의 경쟁이 반복되는 과정에서, 생성기는 진짜 데이터의 확률분포(distribution)를 알아내려고 한다. 확률분포를 알면 그 데이터의 기댓값과 분산을 통계적으로 계산할 수 있고, 수치화된 확률분포를 따르도록 데이터를 임의로 생성하면 원 데이터와 유사한 확률분포를 가지게 된다.[42]

첫 단계에서는 실제 데이터의 확률분포와 가짜 데이터의 확률분포 차이가 커서 판별기가 쉽게 진짜 데이터를 판별할 수 있다. 학습이 거듭 진행됨에 따라 실제 데이터와 가짜 데이터의 확률분포가 비슷해지고, 마지막 단계에서는 양자의 확률분포가 같아져 판별기는 더는 양자를 구별할 수 없게 된다. 즉 학습이 완성되면 생성기가 진짜 데이터의 확률분포를 정확히 모사할 수 있게 되어 거기서 뽑은 샘플은 더는 진짜 데이터에서 뽑은 샘플과 구분할 수 없게 된다.

GAN은 비지도학습의 일종으로서, 원 데이터가 가지고 있는 확률분포를 따르는, 무한히 많은 새로운 데이터를 생성할 수 있다.

(2) 수식 표현

GAN의 알고리즘을 수식으로 표현하면 다음과 같다.

$$\min_{G} \max_{D} V(D,\ G) = Ex \sim pdata(x)[\log D(x)]$$
$$+ Ez \sim pz(z)[\log(1 - D(G(z)))]$$

---

42) 장준혁, 「새로운 AI 기술 GAN」, 삼성SDS 인사이트 리포트 <외부기고> 2018. 8. 7/8. 28.

$X \sim Pdata(x)$는 원 데이터에 대한 확률분포에서 샘플링한 진짜 데이터를 의미한다. $Z \sim Pz(z)$는 통상 가우시안 분포를 사용하는 임의의 노이즈에서 샘플링한 가짜 데이터를 의미한다.

D는 판별기이다. $D(x)$는 데이터가 진짜이면 1, 가짜이면 0의 값을 내놓는다. $D(G(z))$는 G가 만들어낸 데이터인 $G(z)$가 진짜라고 판단되면 1, 가짜라고 판단되면 0의 값을 내놓는다.

D가 최대값(max)이 되려면, $\log D(x)$와 $\log(1 - D(G(z)))$의 값이 각각 최대가 되어야 한다. 먼저 $D(x)$는 1이 되어야 하는데, 이는 실제 데이터를 진짜라고 분류하도록 D를 학습하는 것을 의미한다. 그다음 $1 - D(G(z))$도 1이 되어야 하는데, 이는 $D(G(z))$가 0이 되어야 한다는 것과 같으며, 생성 모델이 만들어낸 가짜 데이터를 가짜라고 분류하도록 판별 모델을 학습하는 것을 의미한다. 요컨대 $V(D, G)$가 최대가 되도록 D를 학습하는 것은 판별 모델이 진짜 데이터를 진짜로, 가짜 데이터를 가짜로 분류하도록 학습하는 과정이다.

G가 최소값(min)이 되기 위해서는, $\log(1 - D(G(z)))$가 최소가 되어야 한다. 이는 $D(G(z))$가 1이 되어야 한다는 것과 같은 의미이고, 판별 모델이 진짜로 분류할 만큼 완벽한 가짜 데이터를 생성하도록 생성 모델을 학습시키는 것을 의미한다.

Chapter 03

칸트의 실천철학과 AI

01
칸트의 실천철학

1. 이성의 세 가지 관심사

칸트에 의하면 사람 이성의 관심사는 다음의 세 가지 물음으로 집약된다. ① 나는 무엇을 알 수 있느냐? ② 나는 무엇을 해야 할 것인가? ③ 나는 무엇을 희망해도 좋은가?[1]

'나는 무엇을 알 수 있느냐?'라는 질문에 답하기 위해, 칸트는 먼저 경험세계에 대한 인식이 감성, 상상력, 지성의 작용으로 어떻게 이루어지는지 설명하였다. 이 질문의 최종 귀착지는 '자유', '영혼의 불멸(내세)', '하나님의 존재'라는 세 가지 대상이다.

칸트는 경험세계의 인과적인 자연법칙과는 별개로 존재하는 자

---

1) "'나는 무엇을 희망해도 좋은가?'라는 물음은 마땅히 행해져야 하는 것이 언젠가 현실적인 것이 될 수 있는지를 묻는다. 이 물음은 역사철학과 종교철학의 두 부분으로 나뉜다. 역사철학은 외적 자유, 즉 법에 대한 희망을 탐구하고, 종교철학은 내적 자유, 즉 도덕성 또는 덕에 대한 희망을 탐구한다."(『임마누엘 칸트』 293쪽). 이 글에서는 내적 자유 부분을 위주로 다룬다.

유의지의 가능성을 열어두었다. 그러나 영혼의 불멸, 하나님의 존재는 알 수 없다. 다시 말해, 인식할 수 없다는 결론을 내렸다. 그렇더라도 내세와 하나님의 존재는 두 번째, 세 번째 물음(나는 무엇을 해야 할 것인가? 나는 무엇을 희망할 수 있느냐?)에서 사유될 수 있다. 자유는 첫 번째 물음에서 그 사유 가능성이 부정되지 않았고,[2] 두 번째, 세 번째 물음에서 실천적인 의지의 자유로서 실재성이 확인된다. 내세와 하나님의 존재는 첫 번째 물음에서 그 존재를 알 수 없지만, 두 번째, 세 번째 물음에서 자유를 매개로 받아들여질 수 있다.

먼저 의지의 자유에 대한 칸트의 답변을 살펴보자. 식욕, 성욕 등 감성적 충동에 근거해서만 생기는 결의는 동물적이다. 반면 감성적 자극에 한정되지 않고, 내가 무엇을 할 것인지에 관해 이성에 의해 결의가 주동 되면 자유 결의이다. 자유 결의를 행사하는 것이 경험적 또는 심리적일 때는, 이성은 경험적 법칙에 통일을 주는 데 쓰인다. 즉 통제적으로 사용된다. 사람의 욕망 또는 애착에 의해 과해지는 목적들이 행복이라는 하나의 목적으로 결합하고, 그 목적들을 달성하기 위한 수단을 목적과 조화시키는 것은, 이성의 통제적 또는 도구적 사용에 해당한다. 이성은 이런 면에서 자유행동에 실용적 법칙을 줄 수 있다. 수요 공급의 법칙 등 경제학적 법칙이 대표적인 예이다. 행복을 추구하는 데서 생기는 실천법칙이 실용법칙이다.

반면 행복할 만한 값어치만을 추구하는 실천법칙이 도덕법칙이

---

2) "자유는 인식될 필요는 없어도 사유될 수는 있는 것이다."(『순수이성비판』 재판의 머리말 xxxv)

다. 실용법칙은 행복을 동기로 삼을 때 무슨 행동을 할 것인가를 가르쳐 준다. 도덕법칙은 행복할 만한 값어치만 있다면, 사람이 어떻게 처신해야 하는지 명령한다. 실용법칙은 경험적 원리에 따른다. 경험에 의하지 않고서는 만족을 구하는 그 어떤 애착이 있는가는 알 도리가 없고, 애착의 만족을 일으킬 수 있는 수단이 어떤 것인가를 알 방법이 없기 때문이다. 도덕법칙은 애착과 이것을 만족시키는 자연적 수단을 도외시하고, 무엇이 선 또는 자유의 객관적 법치이냐, 자유와 행복은 어떻게 조화될 수 있느냐를 경험에 근거하지 않고 선험적으로 고찰한다.

내가 무엇을 해야 할 것인가는 물음에 대한 칸트의 대답은, 내가 행복할 만한 값어치가 있도록 행위를 하라는 것이다. 그렇게 실천해서 행복을 누릴만한 품격을 갖춘 다음에는, 그 품격에 알맞은 행복을 나눠 갖기를 희망해도 좋으냐고 물을 수 있다.

행복할 만한 값어치인 도덕성에 알맞게(엄밀히 비례하여) 행복이 주어지는 상태가 '최고선'의 이상이다. 그런데 문제는 도덕성과 행복이 완전히 합치되는 최고선의 상태가 현실적으로 달성될 수 없다는 것이다. 행복이란, 소망과 의지대로 세상일이 진행될 때 누릴 수 있는 상태이지만, 도덕법칙은 그 자신만으로는 아무런 행복도 약속하지 않는다. 그래서 현실에서는 도덕법칙을 준수한다고 하더라도 그에 합당한(비례하는) 행복이 주어진다고 보장되지 않는다.

도덕성에 알맞게 행복이 주어지는 최고선의 상태는 현세의 삶만으로 달성될 수 없고, 전능의 세계 창조자이자 통치자인 하나님 아

이성의 관심	능력	입법자 (상위능력)	대상	개념
사변적 관심(순수이성)	인식능력	지성	현상	자연
실천적 관심(실천이성)	욕구능력	이성	물자체	자유

래에 있는 세계에서만 가능하다고 한다. '내세(영혼불멸)와 하나님이 있다'라는 조건을 상정함은, 사변이성과 관련해서는 가설이라고 일컬을 수 있겠으나, 실천이성과 관련해서는 행복을 누릴 만한 품격을 갖춘 이성적 존재자에게 신앙(믿음)이라 할 수 있다.

2. 나는 무엇을 알 수 있느냐

(1) 인식의 한계 : 영혼의 불멸과 신의 존재

칸트는 '경험세계에 대한 인식'과 '초경험세계에 대한 사유'의 경계를 명확히 구분하였다. 칸트는 현상계(경험의 세계)를 벗어나 예지계(초경험세계)를 향하는 지적 갈망을 사람의 본성으로 보며, 초경험세계에 대한 사유로는 경험세계에 대한 인식을 얻을 수는 없다는 것을 강조했다. 사람 인식의 한계 때문에 알 수 없지만, 존재를 부정할 수 없는 것이 있을 수 있다. 그에 대해 사유를 할 수 있는 마음의 능력이 이성이다. 지성은 직관의 다양함을 개념화함으로써 일차적 통일을 수행한다. 이성은 개념적 인식의 단편들을 통합하는 이차적 통일을 수행한다. 이성은 개념적 인식을 하나의 전체로 통합함으로써 최종적으로 영혼불멸, 신 등의 '무제약자'에 도달하기를 갈망한다. 하지만 "전체는 결코 우리에게 주어지지 않으며 끊임없이 부과될 뿐이다. 모든 경험은 단편적 성격을 가지며 새로운 경험은 단편들을 더 큰 단편들에 더하는 것일 뿐 하나의 완전한 전체에 더하는 것이 아니다. 전체란 마치 아이들이 언젠가 그 경계에 도달할 수 있다고 믿는 지평선과 같은 것이다."3) 바꾸어 말하면, 이성으로 경험의 단편들을 아무리 통합하더라도 결코 하나의 전체로 통합된 무제약자에 대한 인식을 얻을 수 없다. 영혼불멸, 신 등의 무제약자는 인식의 대상이 아니다.

칸트는 초경험적 세계로 나가기 위해서는 인식의 한계를 긋는 것부터 출발해야 한다고 강조하며, 순수이성비판의 '들어가는 말'에서 이렇게 비유적으로 표현한다. "경쾌한 비둘기는 공중을 자유롭게 헤치고 날아서 공기의 저항을 느끼는 사이에, 진공 중에서는 더 잘 날 줄로 생각한다. 이와 마찬가지로 플라톤은, 감성계가 지성에 대해서 답답한 제안을 하기 때문에, 이념(이데아)의 날개에 의탁하여 감성계를 떠난 피안에, 즉 순수 지성의 진공 중에 감히 뛰어들었다. 그러나 자기의 이러한 노력이 아무런 전진도 이루지 않은 것을 깨닫지 못했다. 그는 지성을 움직이기 위해서 그 기초가 되는 지점, 즉 자기의 힘을 쓸 수 있도록 하는 지점인 저항을 가지지 않았기 때문이다."4)

칸트는 '순수이성비판'에서 사람 인식의 작동원리와 한계에 대

---

3) 『임마누엘 칸트』 164쪽
4) 『순수이성비판』 재판의 들어가는말 lx(9)

한 기초를 다졌다. 그다음 비둘기가 예지계로 도약하기 위한 기초 지점인 발판을 자유로 설정하였다. 사변 이성은 경험 대상을 넘어서는 예지체로서의 사물에 대해서 일체의 인식을 거절했지만, 예지체의 개념으로서 자유의 가능성이라는 빈자리를 남겨두었다. 현상계 법칙의 기초는 직관이고, 예지계 법칙의 기초는 자유다. 자유를 발판으로 하는 실천이성은 이론이성에 그어지는 한계들을 해제시켜준다. "영혼불멸, 신 등의 이념(이데아)은 사변적 이성의 인식이 아니라 실천적 이성의 요청들이다. 칸트는 믿음을 위한 자리를 마련하기 위해 인식을 제한해야 했다."5)

(2) 인식의 한계를 초월하는 발판 : 자유와 의지

칸트는 경험세계의 인과적인 자연법칙과는 별개로 존재하는 자유의 가능성을 열어두었다. 인과성은 12개의 범주 중 하나이고, 시간 순서 중 규칙에 따른 후속이다. 자연법칙이 적용되는 현상은 시간상 앞서는 다른 원인에 종속된다. 하지만 자유는 '어떤 상태를 자기로부터 시작하는 능력'이다. 즉 시간 형식에 따라 규정되는 인과필연성의 현상세계를 넘어서 능동적으로 새로운 계열을 시작할 수 있는 능력이다. 자유 개념은 경험적인 감성계에서 초경험적인 이념(이데아, 물자체)의 세계 안으로 날아갈 수 있는 비둘기의 발판이고 주춧돌이다. 현상세계의 일원인 사람이 현상 너머 무한을 바라보며 현상세계의

---

5) 『임마누엘 칸트』 165쪽

계열을 새롭게 시작할 수 있는 초월적 능력이다.

자유는 자연의 인과필연성을 끊고 새로운 인과관계를 개시할 수 있는 능력이다. 의지는 인식하고 생각하며 결심한 것을 현실로 만드는 욕구능력이다. 이러한 자유 원인성의 성질이 사람의 의지에 속한다는 것이 자유의지다. 사변 영역에서는 지성의 주도로 경험 가능한 대상으로서의 현상에 대해 자연의 법칙을 탐구한다. 반면 실천 영역에서는 초자연적인 물자체에 대해 자유의 법칙을 수립한다. 자유 개념에 의한 법칙 수립은 이성으로부터 일어나며 순전히 실천적이다. 사변적 관심과 실천적 관심의 영역 사이에는 이같이 광대한 심연이 있지만, 실천 영역은 사변 영역에 영향을 미쳐야 한다. 인식능력이 존재하는 어떤 것을 마음에 떠올리게 만든다면, 욕구능력은 마음먹은 것을 현실로 만든다. 자유의지로 추구하는 바는 감성 세계에서 실천을 통해 현실화한다.

식욕, 성욕 등 감성적 충동에 근거해서만 생기는 결의는 동물적이기 때문에, 자연적 인과관계에서 벗어나는 자유의지라고 볼 수 없다. 감성적 자극에 한정되지 않고, 내가 무엇을 할 것인지에 관해 이성에 의해 결의가 주동 되면 자유 결의이다. "의지는 자연 그대로의 충동을 없애버리는 능력이 아니라 단순한 충동에서 거리를 두면서 행위를 규정하는 최종 근거로서 역할을 하지 못하게 차단하는 능력이다."[6] 거짓말, 범죄 등 악행도 감성적 충동에만 근거하는 것이 아

---

6) 『임마누엘 칸트』 211쪽

니고 자유로운 선택의 결과이면 자유의지에 포함된다. 악은 동물적 본능에서 생기는 것이라기보다는 사람의 자유에서 비롯된다.

3. 나는 무엇을 해야 할 것인가

(1) 행복을 추구하는 실용법칙

즐겁고 쾌적한 삶에 대한 의식이 행복이고, 이것을 의사의 최고 규정 근거로 삼는 원리가 자기 사랑의 원리다. 의사의 규정 근거를 어떤 대상의 즐거움 또는 불쾌함에다가 두는 원리들은 모두 자기 사랑(이기심) 또는 자기 행복의 원리에 속한다.[7] 행복을 추구하는 데서 생기는 실천법칙이 실용법칙이다. 실용법칙은 경험적 원리에 따른다. 자유 결의를 행사하는 것이 경험적일 때는, 이성은 경험적 법칙에 통일을 주는 데 쓰인다.

칸트에 따르면, "국가 경제, 일반 행복론, 교제술 등은 원인과 결과라는 자연 개념들에 따라서 가능한 결과를 산출하기 위한, 기술적, 실천적인 숙련의 규칙들을 함유한다. 자연 개념들은 이론철학의 부속물인 지시 규정들에 종속하고 감성적 조건에 따른다."[8] 바꾸어 말하면 의사 결정과 그에 따른 실행이라는 사람의 이성적 행위가 실용법칙에 따를 때는 이성은 행복의 최대화라는 통제적 도구로 사용

---

7) 임마누엘 칸트, 『실천이성비판』, 백종현 역, 아카넷 2019 개정2판, 137쪽
8) 『판단력비판』 154쪽

되기 때문에, 욕망과 애착이라는 현실적이고 감성적인 조건에 종속하게 된다.

(2) 행복할 만한 값어치를 추구하는 도덕법칙

자율적 실천법칙

초월적 자유 또는 자유의지는 기계적 인과성과 필연성에서 벗어나는 능력, 동물적 본능과 충동적 감정 등의 경향성(inclination)을 극복하는 능력을 의미한다. 자율은 자신이 따라야 할 실천법칙을 스스로 제정하는 능력이다. 이 실천법칙은 외부로부터 강요된 규칙이 아니라 행위 주체가 스스로 책임지고 의무를 다하기로 결의한 규칙이다. 사변 영역에서 인식 주체가 중심에 있듯이, 실천 영역에서도 행위 주체가 중심에 있다. 도덕적 타당성의 원천은 자율, 즉 의지의 자기 입법성이다. 실천이성 자신의 법칙 수립은 적극적 의미의 자유, 즉 자율이다. 이 자유 아래에서만 개인적 준칙들이 최상의 실천법칙에 들어맞을 수 있다.

선험적 실천법칙

칸트에 따르면 "욕망의 질료가 실천법칙의 가능성의 조건으로서 실천법칙 안에 끼어든다면, 이로부터 자유가 아닌 타율, 곧 어떤 충동이나 경향성에 따르는 자연법칙에 대한 종속성이 나타난다. 그러면 의지는 스스로 법칙을 수립하지 못하고, 단지 정념적인 법칙들을 합리적(이해타산적)으로 준수하기 위한 지시 규정을 줄 뿐이다."9)

부귀, 명예, 쾌락, 지혜 등 사람들이 추구하는 행복 또는 의지의 내용은 각자의 특수한 감정과 상황에 달려 있으므로, 제각기 다를 수밖에 없다. 또한 의지의 내용은 의지가 지향하는 현실적 욕망이므로 경험적이고 사적일 수밖에 없다. 그래서 선험적이고 보편적인 도덕법칙은 욕망 또는 의지의 내용이 아닌 의지의 형식으로부터 얻어져야 한다. 실천이성은 일체의 경험적인 것으로부터 독립하여 의지를 규정한다. 의지가 더는 즐거움에 따라 규정되지 않고 그저 법칙의 형식에 의해 규정될 때, 이 욕구 능력에 상응하는 실천은 선험적이다.

순수 실천이성은 행복에 대한 요구를 포기하고자 하는 것이 아니라, 의무(윤리, 도덕법칙)가 문제될 때 그런 것을 고려하지 않으려는 것이다. 자기의 행복을 배려하는 것이 의무일 수도 있다. 건강, 부유함 등의 행복은 의무를 완수하기 위한 수단을 포함하기도 한다. 다만 자기 행복만을 촉진하는 일은 의무의 원리일 수는 없다.10)

보편적 실천법칙

준칙이란 다수의 다양하고 구체적인 의도와 행동에 공통적인 방향을 제시하는 기본적인 태도이다. 준칙 아래에 세부적인 실천적 규칙들이 포함되어 있다. 구체적인 행동을 위해서는 준칙의 맥락화

---

9) 『실천이성비판』 156쪽
10) 『실천이성비판』 239쪽

과정도 필요하다. 예컨대 남을 돕기를 좋아하지만 수영을 못하는 사람은 수영을 능숙하게 하는 사람과는 다른 방식으로 물에 빠진 사람을 도울 것이다.[11]

주관적 양심에 따라 정한 규율이라는 것만으로는 도덕법칙이 되기에 부족하다. 도덕법칙은 각자의 주관적 타당성을 넘어서서 인간관계나 사회생활 속에서 보편적으로 수용될 수 있는 타당성을 지녀야 한다. 준칙이 개인의 행복이나 신체적 쾌락, 지식이나 지혜 등 특정 목적을 위한 수단을 추구한다면, 도덕법칙은 무엇이 선 또는 자유의 객관적 법치이냐, 자유와 행복은 어떻게 조화될 수 있느냐를 고찰한다. 칸트는 "네 의지의 준칙이 항상 보편적 법칙 수립의 원리로서 타당할 수 있도록, 그렇게 행위를 하여라."라는 도덕법칙의 원칙을 제시한다.

규칙이 타산적 이익에 맞춰져 있으면, 적절히 예외를 인정하면서 알맞은 방식으로 목적을 달성해 가야 하므로 영리함이 필요하다. 도덕법칙은 어렵고 복잡한 것이 아니고 치밀한 논증이 필요하지도 않다. 준칙이 보편적 법칙에 적합한지 아닌지는 상식을 가진 사람이라면 세상사에 대한 영리함이 없어도 구별할 줄 안다.[12] 도덕법칙은 일상적이고 상식적인 이성 사용과 선의지에 근거를 둔다는 점에서 유교의 사단지심(四端之心)과도 통한다. 우물에 빠지는 어린애를 구하는 도덕적 행위의 토대는 손익계산의 지성적 운용이 아니라, 우리 내

---

11) 『임마누엘 칸트』 226쪽
12) 『실천이성비판』 160쪽

면의 초월적 본심이다.[13] "이제 막 어린아이가 우물에 들어가려 하는데, 모두 누구나 놀라고 측은한 마음이 생길 것이다. 이는 아이의 부모와 사귀려고 해서가 아니고, 마을 어른이나 친구들에게 칭찬받고자 함도 아니고, 그 아이가 우물에 빠져 우는 소리를 듣기 싫어함도 아니다. 이로 보건대, 측은한 마음이 없으면 사람이 아니고, 부끄러워하고 싫어하는 마음이 없으면 사람이 아니고, 사양하는 마음이 없으면 사람이 아니며, 옳고 그름을 따지는 마음이 없으면 사람이 아니다."[14]

법과 선의 관계 전도

칸트 이전에는 법(도덕법칙)이란 선(행복)을 실현하는 이차적인 수단 정도로만 여겨졌다. 들뢰즈에 따르면, "칸트는 법과 선의 관계를 전도시켰다. 이는 운동-시간 관계의 전도만큼이나 중요하다. 선이란 법칙에 의존하는 것이며 그 역은 성립하지 않는다. 인식의 대상이 주체 주위를 공전하는 것과 같은 방식으로, 선은 법칙 주위를 공전한다."[15] 그래서 "법칙은 그 자신 외에는 아무런 내용도 가질 수 없다. 왜냐하면 법칙의 모든 내용은 거꾸로 법칙을 선으로 이끌 것이

---

13) '맹자가 말하는 인간의 본성은 자연의 인과성에 지배받는 자연성이 아니라, 측은(惻隱), 수오(羞惡), 공경(恭敬), 시비(是非)의 사단지심(四端之心)으로부터 말한 것이다. 즉 사단지심은 예지계의 측면에서 이해해야 하고, 초월적 본심이라고 말할 수 있다.' 이명휘, 『유교와 칸트』, 김기주, 이기훈 역, 예문서원 2012, 제1장 유가와 자율도덕(ebook)

14) 이중원 등 9인 공저, 『인공지능의 존재론』, 한울아카데미 2018, 201쪽

15) 『칸트의 비판철학』 149쪽

기 때문이다. 법칙은 우리가 무엇을 해야만 하는지 말해 주지 않고, 우리의 행위가 어떤 것이든 간에 우리가 순응해야 하는 규칙이 무엇인지 말해 준다. 행위의 준칙이 모순 없이 보편적인 것으로 생각될 수 있다면, 그리고 행위의 동기가 이 준칙 외에 다른 대상을 가지지 않는다면 모든 행위는 도덕적이다. 이처럼 도덕법칙은 보편성의 순수 형식으로 정의된다. 텅 빈 형식으로서 도덕법칙은 순수 형식으로서의 시간에 대응한다."16)

실천이성에서의 능력일치

사변 영역에서는 지성의 입법 아래서 감성, 상상력, 지성 등의 능력들이 일치를 이룬다. 반면 실천 영역에서는 이성의 입법 아래서 지성과 이성의 능력이 일치하게 된다. 자유 법칙은 직관에서 출발하는 것이 아니라 직관을 넘어서는 것에서 출발하기 때문에, 직관과 상상력의 작용이 없다. 지성은 이성의 이념 기초에 감성의 도식 대신 '범형'을 둔다. 범형은 윤리적 원칙들에 따라 행위의 준칙을 판정하는 자연법칙 일반의 형식이다. '네가 의도하고 있는 행위가 너 자신도 그 일부일 자연의 법칙에 따라 일어나는 것이라면, 그 행위를 네 의지 때문에 가능한 것이라고 과연 볼 수 있겠는가'를 따져보라는 것이다.17)

예를 들어 모든 사람 사이에 거짓말한다는 약속이 있다면 이 약

---

16) 『칸트의 비판철학』 149쪽~150쪽
17) 『실천이성비판』 207쪽

속은 그 자체로부터 무너질 것이다. 왜냐하면 이 약속을 믿는 사람들과 모순되기 때문이다. 그러므로 거짓말은 자연법칙이 될 수 없다. 만약 우리 의지의 준칙이 감성적 자연의 법칙이라면 '모든 사람에게 진실을 말할 것을 강요한다.'[18] 어떤 준칙이 초감성적 자연의 실천법칙일 수 있는지 없는지는 바로 사변적 법칙 형식과의 유비를 통해 알 수 있다. 이런 의미에서 감성계의 자연은 예지적 자연의 전형으로 볼 수 있다. 이 비교는 준칙이 실천이성에 적합한지 아닌지, 행위가 유일한 입법자인 이성의 원칙에 따른 경우인지 살펴보는 방법이다.[19]

도덕법칙의 실천, 인격성

도덕법칙은 비교를 통해 얻어지거나 심리적인 보편법칙으로서 나타나지 않는다. 도덕법칙은 우리 의지의 준칙을 '보편적 입법의 원리'로서 여기도록 우리에게 명한다. 즉 도덕법칙은 '마땅히 어떻게 행한다'라는 조건 없는 '정언명령'의 방식으로 주어진다. 도덕법칙은 감성적 경향성을 극복하고 도덕법칙에 따라야 한다는 명령으로 주어진다. 감성은 '도덕법칙에 대한 존중심'에서 그것을 순수 의무로 받아들이며 따르게 되는 것이다.

도덕법칙은 현실 세계에서 실현되도록 요청되고, 인간의 존엄과 인격성은 이 도덕법칙의 실천에서 갖추어질 수 있다. "법칙은 인식되

---

18) 『칸트의 비판철학』 71쪽
19) 『칸트의 비판철학』 72쪽

지 않는다. 우리는 오직 행위를 통해서 법칙과 만나고, 법칙은 실행을 통해서만 작용한다. 우리는 오직 우리의 심성과 육신에 배어든 법칙의 흔적을 통해서만 법칙을 알 수 있다."[20]

사람은 이성을 한낱 감성적 존재자로서의 필요 욕구를 충족시키는 도구로써만 사용할 만큼, 전적으로 동물적이지 않다. 이성은 인간을 좀 더 높은 목적을 향하게 한다. 사람이 감성 세계의 일부로 존재하지만, 그 한계를 넘어서게 하는 것은 바로 인격성이다. 인격성은 자연 전체의 기계적 질서로부터의 자유이자 독립성이다. 그와 동시에 자신의 이성에 의해 주어진 순수 실천법칙들에 복종하는 고유한 존재자의 능력이다. 사람은 곧 그의 자유가 지닌 자율의 힘으로 신성한 도덕법칙의 주체가 된다.[21]

4. 나는 무엇을 희망해도 좋은가

(1) 최고선

도덕성에 알맞게 행복이 주어지는 상태가 최고선이다. 최고선은 ① 행복할 만한 값어치가 있도록 행위를 하고 ② 그 품격에 알맞은 행복을 나누어 가질 때 도달할 수 있다. 그런데 이러한 최고선의 조

---

20) 『칸트의 비판철학』 150쪽
21) 『실천이성비판』 231쪽

건은 현세의 삶만으로 달성될 수 없고, 내세와 전능한 신을 상정함으로써만 가능하다.

최고선의 첫째 조건은 행복할 만한 값어치가 있도록 행위를 하는 것이다. 즉 도덕성의 완성이다. 내가 가진 이기심과 경향성을 극복하고 도덕법칙에 일치하도록 실천하고자 노력하더라도 도덕성의 완성은 한 번의 생으로 달성되기 어렵다. 나의 영혼이 멸하지 않고 이 생을 넘어 윤리적 완성을 향해 무한히 전진해 나갈 것이 요청된다. 첫째 조건이 성취되더라도 그 도덕성의 완성에 합당한 행복을 준다는 보장이 없다. 내가 도덕법칙에 따라 행위를 하더라도 나의 소망과 의지대로 세상일이 진행되지는 않는다. 도덕법칙은 그 자신만으로는 아무런 행복을 약속하지 않기 때문이다. 최고선의 두 번째 조건은 도덕적 품격에 알맞은 행복을 나눠 가지는 것이다. 덕과 복의 일치가 궁극적으로 가능하기 위해서는 세계의 창조자인 신의 존재가 요청된다.

영혼의 불멸과 신의 존재는 사변적 인식으로는 그 존재를 알 수 없다. 영혼의 불멸과 신의 존재는 이성의 실천적 사용에서 최고선이 가능할 수 있는 조건으로서 요청된다.

(2) 도덕법칙과 미적 판단

도덕법칙과 미적 판단은 이해타산을 따지지 않는다는 공통점이 있다. 또한 도덕법칙은 지성에 의해 논증될 수 있는 경험세계를 뛰어넘는 이념의 세계를 다루는 면에서는, 지성의 한계를 벗어나는 세계인 미적 영역과 공통점이 있다. 칸트는 마음 깊은 곳에서 도덕법칙과 미적 감수성의 공통감이 연결되어 있을 것으로 본다. "미적인 것은 윤리적으로 선한 것의 상징이다. 이러한 관점에서만 미적인 것은 다른 모든 사람의 동의를 요구할 수 있다. 이때 우리의 마음은 감각적인 즐거움을 넘어 어떤 순화와 고양을 의식한다. 미적 판단력은 자연도, 초감성적인 자유도 아니지만, 자유의 근거와 연결된 어떤 것과 관계되어 있다."[22)]

5. 초월적 자유와 인격성

칸트는 '실천이성비판'의 맺음말 부분에서 이렇게 말한다.[23)] "그에 대해서 자주 그리고 계속해서 숙고하면 할수록, 점점 더 새롭고 점점 더 큰 경탄과 외경으로 마음을 채우는 두 가지 것이 있다. 그것은 내 위의 별이 빛나는 하늘과 내 안의 도덕법칙이다…… 전자(별이 빛나는 하늘)는 내가 외적 감성 세계 안에서 차지하고 있는 자리에서 시작해서, 내가 서 있는 그 연결점을 무한 광대하게 세계들 위의 세계들로, 천체들 중의 천체들로, 그뿐만 아니라 그것들의 주기적인 운동의 한없는 시간 속으로 그 시작과 지속을 확장한다. 후자(내 안의 도덕법칙)는 나의 볼 수 없는 자아, 나의 인격성에서 시작해서, 참된 무한성을 갖는, 그러나 지성에게만 알려지는 세계 속의 나를 표상한

---

22) 『판단력 비판』 401쪽
23) 『실천이성비판』 331쪽

다...... 무수한 세계 집합의 첫째 광경은 동물적 피조물로서의 나의 중요성을 없애버린다. 동물적 피조물은 짧은 시간 동안 생명력을 부여받은 후에는 다시금 (우주의 한낱 점인) 유성에게로 되돌려 줄 수밖에 없다. 이에 반해 두 번째 광경은 지적 존재자(예지자)로서 나의 가치를 나의 인격성을 통해 한없이 높인다. 인격성에서 도덕법칙은 동물성으로부터, 더 나아가 전 감성 세계로부터 독립해 있는 생을 나에게 개시한다. 적어도 이것이 도덕법칙에 의해 이승의 생의 조건들과 한계에 제한받지 않고, 무한히 나아가는, 나의 현존의 사명으로부터 추정되는 만큼은 말이다.”

　　본능과 열정, 동정과 혐오라는 감정의 힘이나, 지배적인 습관이나, 미리 내세운 목적을 위한 최선의 수단에 근거해서 무엇을 해야 할 것인가를 결정하는 것은 타율적 의지에 따르는 것이다. 자율적 의지에 따를 때도, 사람이 욕구나 사회적 의존성을 지닌 유한한 존재라는 현실을 인정할 수밖에 없다. 그럼에도 타율적 의지를 삶의 최종적인 규정근거로 삼는 것을 인정할 수는 없다. 자율은 사람이 단순한 욕구존재나 사회적 존재 이상이라는 것을 의미한다. 사람은 자율적 의지를 통해 그 유한성을 넘어서서 자신의 본래적 자아, 즉 순수한 실천이성으로 구성된 도덕적 존재로서 자신을 발견한다.[24] 별이 빛나는 하늘은 칸트의 마음속에 있는 자율적 인격성과 도덕법칙을 일깨운다.

---

24) 『임마누엘 칸트』 242쪽

1. AI와 AGI의 개념 정의 기준

AI와 관련된 논의는 크게 ① AI가 사람과 같이 지능 또는 마음을 가질 수 있는지, ② AI는 어떤 일을 할 수 있는지, 사람의 지적 활동을 어느 정도까지 대체할 수 있는지, ③ AI가 활용될 때 생길 수 있는 사회적, 윤리적 문제는 무엇인지로 나눌 수 있다.

각각의 논의에서 혼선이 생기지 않기 위해서는 먼저 AI의 개념 또는 정의가 무엇인지를 명확히 해야 한다. Siri, 알파고, ChatGPT, 공상과학 영화 터미네이터에 나오는 스카이넷 등은 모두 AI라고 볼 수 있으나, AI라는 하나의 개념으로 묶기에는 그 기능과 성능이 천차만별이다. 딥러닝, 생성형 AI 기술의 발달에 따라 알파고는 바둑이라는 특정 분야에서 이미 사람의 능력을 초월하였다고 평가된다. ChatGPT는 한정된 분야라는 한계를 벗어나 범용적 수준으로 사용되고 있다. 스카이넷은 기술적으로 가능한 수준인지 알 수 없다.

구글 딥마인드 팀은 2023년 11월에 "AGI의 수준: AGI로 가는 과정에서의 운영 경과(Levels of AGI: Operationalizing Progress on the Path to AGI)"라는 글을 통해 AI(인공지능) 또는 AGI(Artificial General Intelligence, 일반인공지능)의 개념을 정의할 때 기준이 되는 6가지 원칙을 제시했다. 이 원칙에 따라 AI를 제한적(narrow) 활용과 범용적(general) 활용의 2단계로 나누고, 또 각각을 성능에 따라 6단계로 나눈다. 그다음 단계별로 AI가 실제 배치될 때 문제 될 수 있는 위험성, 자율성의 허용 범위 등 사회적, 윤리적 문제를 다룬다.[25] 이런 방식으로 먼저 AI의 개념을 분석하고, 발전단계별로 세분하여 AI와 관련된 세 가지 논의를 진행하는 것이 현실적 문제 파악과 해결에 도움을 줄 것이다.

구글 딥마인드 팀에서 제시하는 AI의 개념을 정의할 때 기준이 되는 6가지 원칙은 다음과 같다.

첫째, 프로세스가 아니라 능력(capability)에 중점을 둔다. AI가 어떤 구조로 작동되는지가 아니라, 어떤 작업을 수행할 수 있는지가 중요하다. 즉 AI는 사람과 같은 방식으로 생각하거나 이해하는 시스템이 아니다. 또한 AI는 의식(주관적 인식) 또는 감수성(sentience, 감정을 갖추는 능력)과 같은 특성이 있다는 것을 의미하지 않는다.

둘째, 능력(capability)에서는 일반성(generality)과 성능(performance)을 모두 고려해야 한다.

---

25) Google Deepmind, 「Levels of AGI: Operationalizing Progress on the Path to AGI」, 2023. 11, 1쪽

셋째, 물리적인 것이 아니라 인지적 또는 메타인지적(metacognative, 새로운 기술을 학습할 수 있는 능력 등)인 작업에 중점을 둔다. 로봇 구현 등 물질적인 것이 AI의 필수요소는 아니다.

넷째, 소프트웨어의 실제 배포(deployment)가 아닌 구현 가능성에 중점을 둔다. 실제 배포를 고려 요소로 두게 되면, 법적, 사회적 고려사항, 윤리 및 안전상 문제 등의 비기술적인 문제에 부딪히기 때문이다.

다섯째, 경제적, 사회적, 예술적 가치와 같은 실제 세계에 맞추어진 작업의 선택[생태학적 타당성(Ecological Validity)]이 중요하다. 즉 자동화하거나 정량화하기 쉽지만, 사람들이 가치 있게 여기는 기술을 포착하지 못하는 전통적인 AI 지표는 피해야 한다.

여섯째, 하나의 종점(Single Endpoint)이 아닌, AI에서 AGI로 가는 과정이 중요하다.

2. 너비와 깊이로 세분되는 AI와 AGI

구글 딥마인드 팀이 AI에서 AGI로 가는 과정에 있는 시스템의 능력(capability)을 일반성(generality)의 너비와 성능(performance)의 깊이로 나누어, 현재까지 개발된 주요 AI를 분류한 표는 다음과 같다.26)

---

26) 「Levels of AGI: Operationalizing Progress on the Path to AGI」 6쪽

일반성 / 성능	제한적(Narrow) 명확하게 범위가 지정된 작업 또는 작업 세트	범용적(General) 새로운 기술 학습과 같은 메타인지 능력을 포함한 광범위한 비신체적 작업
레벨 0: No AI	**Narrow Non-AI** 계산기 소프트웨어; 컴파일러	**General Non-AI** Amazon Mechanical Turk와 같은 사람 참여형 (Human in the loop) 컴퓨팅
레벨 1: 신흥(Emerging) 비숙련 사람과 같거나 조금 더 나음	**Emerging Narrow AI** GOFAI; SHRDLU(Winograd, 1971)와 같은 간단한 규칙 기반 시스템	**Emerging AGI** ChatGPT(OpenAI, 2023), Bard(Anil 외, 2023), Llama 2(Touvron 외, 2023)
레벨 2: 유능(Competent) 최소한 숙련된 성인의 50%	**Competent Narrow AI** Jigsaw(Das 외, 2022)와 같은 독성 탐지기; Siri(Apple), Alexa(Amazon), Google Assistant(Google)와 같은 스마트 스피커; PaLl(Chen 외, 2023)와 같은 VQA 시스템; 왓슨(IBM); SOTA LLMs(예: 짧은 에세이 작성, 간단한 코딩)	**Competent AGI** 아직 달성하지 못함
레벨 3: 전문가(Expert) 최소한 숙련된 성인의 90%	**Expert Narrow AI** Grammarly(Grammarly, 2023)와 같은 철자 및 문법검사기; Imagen(Saharia 외, 2022) 또는 Dall-E2(Ramesh 외, 2022)와 같은 생성 이미지 모델	**Expert AGI** 아직 달성하지 못함
레벨 4: 거장(Virtuoso) 최소한 숙련된 성인의 99%	**Virtuoso Narrow AI** Deep Blue(Campbell 외, 2002), AlphaGo(Silver 외, 2016, 2017)	**Virtuoso AGI** 아직 달성하지 못함
레벨 5: 초인(Superhuman) 사람의 100%를 능가	**Superhuman Narrow AI** AlphaFold(Jumper 외, 2021; Varadi 외, 2021), AlphaZero (Silver 외, 2018), StockFish (Stockfish, 2023)	**Artificial Super Intelligence** (ASI) 아직 달성하지 못함

    일반성은 제한적(narrow) 활용과 범용적(general) 활용의 2단계로 나눈다. 성능은 0~5의 6단계로 나눈다. 예를 들어 알파고는 바둑이라는 특정된(narrow) 과업 달성에 쓰인다. 성능 면에서 4단계 '거장'(Virtuoso)으로 숙련된 성인의 99% 능력을 발휘한다. CHAT GPT는 범용적이고, 성능 면에서 1단계 '신흥'(Emerging)으로 숙련되지 않은 사람의 능력과 비슷하다. 또한 달리(Dall-E)2는 그림이라는 특정된 과업 달성에 쓰이고, 성능 면에서 3단계 '전문가'(Expert)로 숙련된 성인의 90% 능력을 발휘한다. 달리(Dall-E)2는 대부분 사람이 그릴 수 있는 것보다 더 높은 품질의 이미지를 생성하므로 성능이 전문가 수준으로 추정되지만, 잘못된 자릿수로 손 그리기 등 오류도 있기 때문이다. 또한 AlphaFold는 아미노산 염기서열에서 단백질의 3차원 구조를 예측하는 단일 작업을 수행하는 데 있어, 세계 최고의 과학자 수준 이상이기 때문에 5단계 '초인'(Superhuman)으로 분류된다.

03
AGI의 종착점인 자기의식과 자아

1. 두렵지만 피해 갈 수 없는 문제

칸트는 사람의 마음을 인식능력, 욕구능력, 미적 판단력이라는 3가지 능력으로 나눈다. 이 분류에 따르면 AI가 사람처럼 정신적 활동을 할 수 있는지 아닌지는 의식(생각), 자유의지, 감정 등을 가질 수 있는지의 문제가 된다. 2010년 이후 AI의 성능이 급격히 향상됨으로써 알파고가 이세돌 9단을 꺾게 되자, AI가 사람의 정신 활동을 대신하거나 능가할 수도 있다는 것이 현실적으로 다가오게 되었다. 이와 관련된 철학적, 과학적 논의도 활발히 진행되고 있다.

구글 딥마인드 팀이 정의한 AI의 개념에 관한 6가지 원칙에 따르면, AI가 사람처럼 정신적 활동을 할 수 있는지는 AI의 능력에 관한 논의가 아니라 메커니즘에 관한 논의이다. 또한 AI로 가는 과정에 관한 논의가 아니라 하나의 종점에 관한 논의이다. 구글 딥마인드 팀이 지적한 바와 같이 이러한 논의는 정답을 찾을 수 없고 현실적인 해결책을 제시하지 못할 수도 있다. "컴퓨터가 의식이 있을까?라는 질문은 의미가 없다. 사람의 두뇌가 백만 개 명령어로 된 프로그램으로 충실하게 흉내 낼 수 있다고 하더라도, 사람의 의식과 컴퓨터 프로그램은 전혀 다른 영역에 있는 것이기 때문이다."라는 밸리언트의 지적도 타당하다.27) AI가 사람의 지능을 가질 수 있는지에 대해 결론을 내리는 데 지나치게 집중할 필요는 없다. 그렇지만 이에 관한 물음은 AGI로 가는 길에서 회피할 수 없는 문제다.

칸트는 근대 과학기술의 성과를 흡수하면서 선험철학이라는 방식으로 사람과 세계에 대한 새로운 이해의 체계(프레임워크)를 제시했다. 근대 과학기술의 발달이 새로운 시대를 열었듯이, AI의 발달도 미지의 세계로 진입하는 힘을 지니고 있다. AI의 성과를 흡수하면서 사람의 실존과 사회 변화에 대한 새로운 프레임워크가 만들어져야 할 시기가 되었다. 밸리언트의 에코리즘은 기계학습의 방식으로 사람의 진화와 학습을 설명하는 새로운 프레임워크 중 하나다. 이러한 프레임워크는 AI와 사람 능력의 공통점과 차이점을 이해하는 것에서 출발할 것이다. 우리는 튜링이 정의한 기계적 계산, 기계학습이나 딥러닝이 무엇인지에 대해서는 설명할 수 있지만, 사람의 마음이 무엇인지, 그 작동원리가 무엇인지에 대해 더 잘 모를 수도 있다. 저자는 칸트철학이 지니는 혁명성과 세월이 흘러도 유지되고 있는 신선함이 AI의 시대에 들어맞는 사람의 실존과 세계에 대한 새로운 프레임워

___

27) 『기계학습을 다시 묻다』 222쪽

크를 제시하는 데 이바지할 수 있다고 본다.

2. 칸트가 구성하는 세계와 나의 관계

(1) 인식의 조건인 '자기의식'과 인식의 대상인 '자아'

데카르트는 "나는 생각한다. 그러므로 나는 존재한다."(cogito, ergo sum)라고 했다. 외부 세계 사물들의 현존은 의심스러우며 증명될 수 없지만, 내면적으로 '생각하는 나'의 존재는 더는 의심될 수 없이 확실하다는 것이다.

칸트의 인식모델에 따르면 ① '생각하는 나'의 밖에 있는 것을 지각하든지, 내 안에 기억되어 있던 것을 떠올리든지 해서 표상(데이터)의 형태로 만든 다음, ② 시간이라는 형식에 맞추어 표상을 모으고, ③ 그 표상 조각들을 체계적으로 '나는 생각한다'라는 자기의식(cogito)에 하나로 통합한다.

데카르트는 '나는 생각한다'라는 자기의식의 존재만 확실하고 대상의 존재는 의심스럽다고 했다. 칸트는 데카르트의 자기의식('생각하는 나')에 시간이라는 새로운 요소를 도입함으로써 자기의식과 자아를 구별하였다. 이러한 칸트의 관점은 다음과 같이 나누어볼 수 있다.

첫째, 직관된 현상들은 시간과 12개의 범주에 따라 정돈되고 '나는 생각한다'라는 자기의식에 하나로 통합된다. 이때의 '생각하는 나'는 매 순간을 현재, 과거, 미래로 나누어 시간의 종합을 수행하는 활동이지 직관의 대상이 아니다. 다시 말해, 자기의식은 모든 인식의 객관적 조건이지 실체가 아니다.

둘째, '자기 인식' 즉 자아는 직관의 대상이다. 생각하는 나는 자아를 시간 중에 있는 하나의 현상으로 직관할 수 있다. 자아는 시간 중에 있고 항상 변화한다.

셋째, 생각하는 나와 자아는 명확히 구분되지만, 동일한 하나의 주체에 속한다.

넷째, 자아를 시간 속에서 규정된 것으로 의식하는 것은 시간 규정의 조건인 내 바깥 사물의 존재와 필연적으로 결부되어 있다. 즉 나 자신이 존재한다는 의식은 동시에 내 바깥의 다른 사물의 존재를 직접 의식하는 것이다.[28] 내감(시간)에 의해서 확립된 나 자신의 현존재는 나 밖에 지속하는 어떤 것, 즉 외적 사물의 존재를 전제로 한다.

들뢰즈에 따르면 "시간은 단순히 운동을 측정하는 단위가 아니라, 운동하고 변화하는 모든 것의 선험적 형식이다."라고 한 것이 순수이성비판에서 찾아볼 수 있는 칸트의 첫 번째 위대한 뒤집기라고 한다. 그리고 생각하는 나와 자아의 구별을 순수이성비판에서 일으킨 또 다른 혁명이라고 평하며 다음과 같이 설명한다. "자아 자체는 시간 중에 있고 항상 변화한다. 그것은 수동적이거나 수용적인, 시간 가운데서 변화를 체험하는 자아이다. 다른 한편 생각하는 나는 계속해서 시간의 종합을 수행하는 활동이며 시간 속에서 일어나는 것을

---

28) 『순수이성비판』 181쪽

종합하는 활동이다. 이 종합은 매 순간을 현재, 과거, 미래로 나눔으로써 수행된다. 시간 일반의 형식은 나의 활동과 이 활동이 귀속되는 자아를 구별한다. 그런데도 나는 단일하다. 생각하는 나와 자아는 시간에 의해 쪼개진 채로 함께 엮여 있다."[29)

(2) 선험적 관념론과 경험적 실재론

칸트가 설명하는 사람의 의식작용은 '선험적 관념론'이다. 선험적 관념론은 모든 현상을 단순한 표상으로만 간주할 뿐이고 의식과 독립된 물자체로 간주하지 않는다. 따라서 시간과 공간은 오로지 직관의 감성적 형식으로 여겨지고, 물자체의 객관적 조건으로 간주되지 않는다. 우리가 인식하는 사물은 그것을 인식하는 주체의 마음, 정신, 또는 의식을 떠나서 존재하는 것이 아니다.[30)

이러한 선험적 관념론은 우리가 경험하는 대상 세계의 실재성을 부정하지 않는다. 대상 세계는 경험적 차원에서 내게 그렇게 보일 뿐이라는 의미의 가상이 아니다. 단지 선험적 의미에서 현상이라는 것이다. 경험적 관점에서는 실재성을 가지므로 '경험적 실재론'이다. 따라서 칸트는 선험적 관념론자이자 경험적 실재론자라고 할 수 있다.

이에 반해 선험적 실재론은 우리가 인식하는 현상 너머에 물자체를 따로 설정해놓고, 우리가 경험적으로 아는 것은 가상일 뿐이라고 간주한다. 즉 우리가 경험하는 현상세계 배후에 우리와 무관한 객

---

29) 『칸트의 비판철학』 145쪽
30) 『칸트철학에의 초대』 64쪽~65쪽

관적 물자체를 설정해두고 우리가 인식하는 것은 단지 그것의 가상일 뿐이라는 것이다. 따라서 선험적 실재론은 시간과 공간을 우리의 감성과 독립적으로 주어지는 어떤 것으로 간주한다.[31]

내 마음속에서는 생각하고 느끼고 욕망하고 희망하는 등의 의식적인 활동이 계속되고 있다. 선험적 관념론에 의하면, 생각하는 나는 계속해서 시간의 종합을 수행하는 활동이다. 이 종합은 매 순간을 현재, 과거, 미래로 나눔으로써 수행된다. 어제의 나의 경험과 오늘의 나의 경험, 매 순간의 경험적 나는 자기의식으로 통합되어 동일하고 단일한 '나'가 된다. 경험적 실재론에 의하면, 내가 나에게 일어난 모든 일을 의식하는 한, 나의 경험 안에는 이미 나 자신의 의식이 포함되어 있다. 나의 존재를 시간 속에서 규정된 것으로 의식하는 것은 시간 규정의 조건인 내 바깥 사물의 존재와 필연적으로 결부되어 있다. 그런 점에서 대상에 대한 인식과 자아 인식은 같은 차원에서 이루어진다.

(3) 생각하는 나가 만들어내는 도식인 자아

칸트에 의하면, 현상으로서 경험적인 '자아'와 경험의 대상이 아닌 '생각하는 나'가 단일한 주체 안에 엮여 있다. 어린아이는 생후 6개월에서 18개월 사이에 거울에 비친 자기의 모습을 보고 자신이라고 믿으며 자아 개념을 형성한다고 한다. 어린아이의 '생각하는 나'(자기

---

31) 『칸트철학에의 초대』 64쪽~65쪽

의식)가 먼저 있고, 나중에 자아라는 관념이 생긴다는 것이므로, 자기의식과 자아를 구별하는 칸트의 주장이 과학적으로 증명된 셈이다.

어린아이의 '생각하는 나'는 자아라는 새로운 개념을 발견했지만, 그것이 자아라는 일반적 개념에 해당한다고는 모를 것이다. 그래서 규칙 기반 판단이 아니다. 어린아이가 파악한 자신의 자아는 어느 순간 머릿속에서 뚜렷하게 그려지는 도식에 기반을 둔 인식, 즉 도식 기반 판단의 결과물일 것이다. 자아, 즉 '나'라는 인식은 자아라는 개념에 의해 설명되거나 파악될 수 있는 것이 아니다. 생각하는 나는 거울 속에 비치는 자신의 모습들을 보고 마음속에서 상상력으로 자아라는 개념에 대응하는 도식을 그려낸다.

어린아이가 성장하면서 머릿속에서 그려내는 자아의 모습은 조금씩 변하겠지만, 자아라는 개념에 대응하는 도식은 유지된다. 자기 자신의 모습에 해당하는 도식은 상상력이 그리지만, 그 배후에는 지성의 통일작용, 즉 생각하는 나의 작용이 있다. 이렇게 생각하는 나와 자아는 단일한 주체 안에 엮여 있다.

3. 뇌과학과 내러티브 관점의 세계와 나의 관계

(1) 자기의식의 존재가 뇌과학으로 증명되는지

뇌과학에서는 자기의식과 자아의 실체에 대해 의견이 분분하고, 자기의식과 자아를 명확히 구분하지도 않는다. 가자니가(M. S.

Gazzaniga)는 '자아'가 있어서 의식을 통합한다는 것은 뇌가 만들어내는 환상이라고 하며, 다음과 같이 주장한다.

"뇌는 24시간 한순간도 쉬지 않고 우리의 사고와 욕망과 육체를 관리하지만 '나'라는 존재가 있어서 중심에서 명령을 내리는 것은 아니다. 뇌는 연속으로 연결된 수많은 특수 회로들이 뇌 전체에 분산되어 동시에 작동하면서 더 나은 결정을 내리도록 만드는 장치다. 뇌에 존재하는 모든 종류의 국소적 의식 체계가 하나의 무리를 지어 의식을 형성함으로써 의식이 통일된 것처럼 보이지만, 그런 지휘자, 즉 제어장치 같은 것은 없고 오직 알고리즘만으로 운영된다. 그런데 우리는 왜 '자아'가 있어서 의식을 통합한다고 강하게 믿는 것일까? 그것은 뇌에 입력된 모든 정보로 이야기를 만들어내는 좌뇌의 '해석기 모듈' 때문이다. 가령 우리가 뱀을 보고 놀라서 펄쩍 뛸 때, 실제로는 뱀을 의식하기 전에 먼저 펄쩍 뛰고 난 다음에 좌뇌의 해석기가 펄쩍 뛰어야겠다고 결정을 내린 것처럼 의식적으로 해석한다. 다시 말해 좌뇌의 해석기는 무의식적으로 먼저 행동하고 난 다음에 그렇게 행동한 이유를 인과론적으로 해석해서 합리화한다. 이러한 좌뇌의 해석기를 '마음'이라고 생각하는 것은 '환상'이다."[32]

---

32) 김영례, 「AI 시대에 있어서 인간에 대한 철학적 성찰 −칸트의 인간학과 뇌 과학의 사이에서−」(6쪽, 마이클 가자니가, '뇌로부터의 자유' 박인균 옮김, 추수밭, 재인용)

(2) 내러티브(narrative)로 설명하는 자기의식, 자아

자기의식 또는 자아 형성을 이야기를 만들어 가는 내러티브(이야기 전개)의 과정이라고 설명하기도 한다. 브루너(Jerome Brunner)에 의하면, 자아는 내러티브, 스토리텔링, 의미 구성의 언어적 과정의 산물이다.

"우리는 내러티브 외에는 살아 있는 시간을 기술할 수 있는 어떤 방안도 갖고 있지 않다. 삶과 내러티브 간의 모방은 양방향적이다. 내러티브는 인간의 삶과 세계에 관한 이야기를 구성하고 거기에 등장하는 대상들에 의미를 부여한다. 이런 점에서 내러티브는 우리의 경험을 구성하는 동시에 역으로 경험을 이해하기 위한 수단으로도 작용한다. 내러티브가 갖는 '구성하기'와 '이해하기'라는 양방향성 때문에 내러티브는 주체와 세계를 연결하는 길을 제공한다. 자기 삶을 내러티브로 풀어내는 과정에서 지각 경험을 구조화하고 기억을 조직하며 삶의 사건들을 분절하고 목적적으로 건설하게 된다."[33]

"자아는 자신에 관한 이야기를 시간상으로 구성하고 그 안에서 의미 있는 내용을 다시 재구성한다. 이렇게 내러티브를 통해서 자아가 구성된다는 것은 우리의 존재가 자서전적 이야기로 통합되는 것을 말한다. 이러한 이야기는 계속해서 수정될 수 있고 새롭게 구성될 수 있다. 자아는 고정된 실체가 아니라 꾸준히 형성되어가는 것으로

---

33) 『인공지능의 존재론』 71쪽~72쪽

내러티브를 통해 이루어진다. 자아는 한 개인의 마음속에 은밀히 감추어져 있는 내적 본질에서 자발적으로 생성되는 것이 아니라, 자신의 사고와 기질 같은 내면적인 것과 타인의 기대나 평가와 같은 외부적인 상황의 문화적 상호작용으로 구성된다. 자아의 구성은 한 문화 속에서 내러티브를 통해 자신의 정체성을 확립하는 것이다. 내러티브를 통해서 자아가 구성되는 것은 인간을 어떤 한 가지 실체로서 보는 것이 아니라 문화와 교섭하면서 의미를 형성해나가는 존재로 파악하는 것이다."[34)

4. AGI가 자기의식, 자아를 가질 수 있는지

(1) 주요 논의

튜링 테스트를 통과하면 생각할 수 있는 기계로 볼 수 있는지

기계가 사람과 대화해서 자신을 사람이라고 속일 수 있으면, 기계가 사람처럼 생각을 할 수 있다고 인정하자는 것이 '튜링 검사'(Turing Test)이다. 질문자(사람)는 격리된 방에 있는 상대방 2명과 대화를 나눈다. 1명은 기계이고, 다른 1명은 사람인데, 대화를 통해 누가 기계인지를 알아맞혀야 한다. 기계는 질문자가 자신을 사람이

---

34) 조인숙·강현석, 「브루너의 내러티브 이론의 특징과 시사점 탐구」, 『내러티브와 교육연구 2013』 12쪽

라고 잘못 판정하도록 유도하고, 사람은 질문자가 자신을 사람이라고 올바르게 판정하도록 돕는다. 튜링은 이 테스트에서, 기계가 자신을 사람이라고 판정하도록 질문자를 속일 수 있다면, 그 기계를 '생각할 수 있는 기계'로 볼 수 있다고 했다.

GAN(생성적 적대 신경망)을 이용하면 진짜 이미지와 구분이 되지 않는 가짜 이미지를 충분히 만들어 낼 수 있다. 그림의 감상자가 사람이 그린 것인지, 기계가 그린 것인지 분간할 수 없으므로, 예술창작물로 인정할 수 있을지 논란이 될 수 있다. 물론 이 경우는 말로 대화하는 것이 아니므로 튜링 테스트와 같이 볼 수는 없다. 만약에 GAN과 같은 생성형 AI 기술이 발달하여 튜링 테스트를 통과할 수 있는 프로그램이 만들어진다면 '생각할 수 있는 기계'라고 볼 수 있을까?

중국어 방 논변

설(John Searle)은 튜링테스트를 통과하더라도 사람처럼 생각하는 기계라고 볼 수 없다는 '중국어 방 논변'(Chinese room argument)을 주장했다.35)

방안에는 중국어를 전혀 못 하는 사람이 있다. 방 밖에 있는 사람들은 중국으로 된 질문지로 방 안의 사람에게 질문한다. 방안에는 중국어로 쓰인 특정한 질문에 중국어로 대답할 수 있게 하는 영어로

---

35) 이하는 『인공지능의 존재론』 49쪽~52쪽을 참고하여 정리하였다.

쓰인 규정집과 대답을 구성하는 데 필요한 중국어 문자 풀이 든 바구니들이 있다. 방 안에 있는 사람은 질문지를 받으면 이 규정집과 문자 풀을 이용하여 중국어로 대답을 만들어 방 밖으로 내보낸다. 방 안에 있는 사람이 중국어를 전혀 이해하지 못함에도, 방 외부의 질문자는 그 사람이 중국어를 잘 이해한다고 생각할 것이다.

중국어 문자 풀은 데이터베이스에, 규정집은 컴퓨터 프로그램에 해당한다. 컴퓨터는 방 안에 있는 사람처럼 중국어의 의미를 이해하지 못한 상태에서, 입력장치를 통해 들어온 기호들을 프로그램이 제공하는 규정에 따라 처리할 뿐이다. 컴퓨터는 언어의 의미를 이해하고 처리하는 것이 아니라 구문에 맞게 기계적으로 처리할 뿐이다.

설(John Searle)에 따르면, AI 프로그램이 이야기를 이해하는 것처럼 보일 수 있어 튜링 테스트를 통과할 수 있겠지만 구문론적으로만 작동할 뿐이기 때문에, 사람처럼 의미를 이해하고 생각한다고는 볼 수 없다고 한다. AI가 의식을 가질 수 있는지에 관해서는 의견이 나뉜다. 중국어 방 논변을 비판하며, 중국으로 대답할 수 있으면 AI에게도 의식이 있는 것으로 볼 수 있다는 의견도 있다.

내러티브적 자아와 밈(meme)

프로그래밍 속에 넣을 수 있는 정보가 밈(meme)의 형태로 자기복제를 하고 독자적으로 진화할 수 있으면 AI가 인간과 같은 내러티브적 자아를 가질 수 있다는 견해도 있다. 그 견해를 소개하면 다음과 같다.[36]

"자아는 자신의 삶에 대한 내러티브의 산물이다. AI가 인간과 같은 내러티브적 자아를 가질 수 있는지를 밈 개념을 활용해 논의할 수 있다. 밈 개념은 비유전적인 수단, 즉 모방을 통해 전달되는 문화적 요소들을 의미한다. 밈의 예로 곡조, 사상, 의복의 양식, 단지 제조법, 아치 건설법 등을 들 수 있다. 밈은 모방 과정을 통해서 뇌에서 뇌로 건너다님으로써 자신을 전파하고, 세력을 확장해 그 자체의 새로운 진화를 시작한다. 인간의 발달은 대규모의 밈들에 의해 구현되고 영향받는 과정이다.

인간을 모방하는 AI는 언어, 행위와 연관된 사회적 규범들, 지적 세계를 구성하는 지식을 우리와 같은 방식으로 습득하게 될 것이다. 이런 밈들을 습득하는 과정에서 AI는 자아를 비롯한 다양한 밈 집단들을 형성하게 된다. 인간이 밈적 진화 과정을 거쳤던 것처럼 동일한 진화 과정을 밟게 될 것이다. AI가 인간을 모방할 수도 있지만, 자신들을 모방할 수도 있다. 로봇들은 자신의 언어체계를 구성하고 내러티브적 자아를 구성하며 자신들의 세계를 창조할 것이다. 로봇들의 자아와 세계는 인간이 이해하기 불가능하다."

(2) AGI가 종착점에 도달할 수 있는지

선험적 관념론, 경험적 실재론, 자유의지에 따른 검토

컴퓨터가 지적인 활동을 한다고 하더라도 사람의 의식과는 작

---

36) 이하는 『인공지능의 존재론』 75쪽~78쪽의 내용을 요약·정리하였다.

동방식이 전혀 다르다.

첫째, 선험적 관념론과 비교해 보면, 컴퓨터는 사람처럼 자신의 내면세계를 들여다보는 내적 직관을 가진다고 볼 수 없다. 사람의 의식에서 시간은 단순히 운동을 측정하는 단위가 아니라, 운동하고 변화하는 모든 것의 선험적 형식이다. 반면에 컴퓨터는 입력장치를 통해 들어온 기호들을 프로그램이 제공하는 규정에 따라 처리할 뿐이다. 컴퓨터에서 시간은 단순히 운동을 측정하는 단위로서 데이터에 불과하지, 직관의 선험적 형식이 아니다. 컴퓨터에서는 어제의 나의 경험과 오늘의 나의 경험, 매 순간의 경험적 '나'가 자기의식으로 통합되는 것이 없다.

둘째, 경험적 실재론과 비교해 보면, 컴퓨터에 입력되고, 처리되는 정보는 대상 세계와 현상이 내적 직관에 의해 연결되는 것이 아니다. 그런 점에서 컴퓨터에서 처리하는 정보는 경험에 기반을 두지 않는다. 실제로 존재하는지를 전제하지도 않는다. 반면 경험적 실재론에 따르면 대상 세계는 선험적인 관점에서 현상으로 인식되지만, 경험적 관점에서는 실재성을 가진다. 경험적 자아는 시간 중에 있고 항상 변화한다. 나의 존재를 시간 속에서 규정된 것으로 의식하는 것은 시간 규정의 조건인 내 바깥 사물의 존재를 의식하는 것을 전제한다. 이렇게 시간에 의해 우리가 경험하는 대상 세계의 실재성과 선험적 의미의 현상은 연결되어 있다.

셋째, 사람은 자기의식을 가지는 동시에 자유의 주체로서 자유의지도 가진다. 자유의지로 인식하고 생각하며 결심한 것을 현실로 바꾼다. 사람은 현상세계를 넘어서는 자유의지와 영혼을 지닌 초월적인 존재이다. 자아도 경험적 자아에 머무르는 것이 아니라, 현상의 인과필연성에서 벗어난 자유로운 초월적 자아가 된다. 이로써 경험적 자아와 초월적 자아는 합일된다.

칸트의 인식시스템에 따른 검토

칸트는 사람의 인식능력을 감성, 상상력, 지성의 작용으로 설명한다. 앞서 살핀 바와 같이 사람의 인식 작용과 기계적 계산은 작동 메커니즘에 있어 유사한 면도 많지만, 차이점도 크다.

첫째, 사람은 감각기관을 통하여 데이터를 수집하고, 그 데이터는 현상의 형태로 바뀌게 된다. AI는 입력장치를 통해 데이터를 수집하고 그 데이터는 디지털 데이터가 된다. 그런데 AI는 딥러닝을 통해 비정형 데이터를 정확도 높고 효율적으로 수집할 수 있게 되어, 데이터 수집과 변환의 능력 면에서 사람과 버금가거나 사람을 능가할 수도 있게 되었다.

둘째, 사람은 생각의 능력인 지성을 통해 현상을 개념화하고 추론한다. 현상은 시간적 관계에 맞추어 정렬되고, 지성은 12개의 범주라는 선험적 논리 형식에 의해 작동된다. AI는 기계적 계산(소프트웨어)을 통해 0과 1의 형태로 계량화된 디지털 정보를 처리한다. 현상 중에는 계량화, 수치화하기 힘든 정보가 있을 수 있다. 사람은 추론을 통해 풀 수 있으나 기계적 계산으로는 풀 수 없거나, 비현실적인 계산 비용이 드는 문제도 많다.

셋째, AI에서는 감성에 대응되는 능력인 데이터 입력, 지성에 대응되는 능력인 기계적 계산은 있지만, 상상력에 대응되는 능력이 마땅히 없다. 즉 AI에서는 디지털 데이터가 기계적 계산에 따라 처리될 뿐이지, 상상력과 같은 매개물이 없다. 기계적 계산 중 기계학습 방식은 도식 기반 판단과 유사한 방식으로 작동된다. 사람은 상상력의 도식을 통해 지성의 개념을 현상에 간접적으로 적용하여 문제를 풀기도 하지만, 상상력의 창조적 활동은 여기에 한정되지 않는다.

AI의 자기의식 구현 가능성: 하드웨어적, 소프트웨어적 방식

자아가 있어서 의식을 통합한다는 것은 뇌가 만들어내는 환상이라는 뇌과학의 견해에 따른다면, 뇌의 작동을 물질적, 생리적인 방식으로 분석하여 자아가 어떻게 만들어지고 작동하는지를 설명하기는 쉽지 않다. 뇌에 존재하는 모든 종류의 국소적 의식 체계를 하나의 의식으로 통합하는 제어장치는 없다고 하기 때문이다.

칸트에 의하더라도 '생각하는 나'는 경험적으로 존재하는 실체가 아니다. 직관된 현상들은 12개의 범주와 시간에 따라 정돈되고 자기의식에 하나로 통합된다. '생각하는 나'는 시간 속에서 일어나는 직관된 현상들을 종합하는 활동이지, 직관의 대상이 아니다. 따라서 '생각하는 나'의 생물학적 구조, 즉 하드웨어를 해명하여 그것에 맞게 프로그래밍하기는 쉽지 않아 보인다. 그렇지만 자기의식의 실체를 과학적으로 해명할 필요 없이, 컴퓨터 프로그래밍으로 자기의식을 짜는 방법도 있을 수 있다.

딥러닝을 활용하면 언어, 이미지 등의 비정형 빅데이터를 디지털 데이터로 전환할 수 있다. 인류가 축적한 다양한 지식과 문화를 정보의 형태로 전환하여 기계학습을 통해 프로그래밍할 수 있게 되었다. 앞서 살폈듯이 자아 인식은 도식 기반 판단에 해당하므로, 기계학습의 방식으로 '자아'를 만들어 낼 가능성도 있다.

'생각하는 나'를 어떻게 프로그램으로 구현할지, 생각하는 나와 자아를 어떻게 단일한 주체 안에 담을지도 해결해야 할 문제로 남는다. 사람의 의식 속에서 생각하는 나와 자아는 시간에 의해 쪼개진 채로 함께 엮여 있다. 컴퓨터에서도 컴퓨터 입력장치로 데이터가 입력되는 시간(메타 데이터)과 다양한 경험적 현상에 포함되어 입력데이터가 되는 시간은 다르기는 하다.

기계적 계산으로 만들어지는 AI의 자아는 '생각하는 나'가 만들에 내는 사람의 자아와는 그 모습이 전혀 다를 수도 있다. 시간과 12개의 범주로 이루어진 순수 지성 개념의 도식은 사람에게만 고유한 인식시스템이기 때문이다.

04
AI의 발전단계별 자율성 범위,
사회적, 윤리적 문제

1. 지능정보화 사회 진입에 따른 AI의 자율성, 위험성 증대

AI가 사람과 같이 의식 또는 자아를 가질 수 있는지는 AI의 종점과 관련된 논의이다. AI에서 AGI로 가는 과정에 관련된 논의는 ① AI는 어떤 일을 할 수 있는지, 사람의 지적 활동을 어느 정도까지 대체하며 그에 따라 자율성을 가질 수 있는지, ② AI가 활용될 때 생길 수 있는 사회적, 윤리적 문제는 무엇인지로 나눌 수 있다.

(1) 지능정보화 사회로의 진입

인터넷, 사물인터넷(IOT), 클라우딩 컴퓨터기술 등 정보통신의 발달과 기계학습, 딥러닝 등 지능정보기술의 발달로 인하여, 인류가 축적하는 지식과 문화가 디지털 정보로 변환되어 수집, 분석, 가공될 수 있게 되었다. 또한 이러한 모든 것들이 언제 어디서나 연결되어 초연결지능정보통신망을 구축할 수 있는 단계까지 이르렀다. 이에 따라 산업, 경제, 사화, 문화, 행정 등 전 분야가 지능정보화의 영향을 받는 지능정보사회로 진입하였다.

　　AI는 검색, 음성인식, 자율주행, 자동화 의사결정 등 인간의 많은 활동을 대신할 수 있게 되었다. 타깃 광고 등 마케팅, 의료진단, 로보어드바이저 투자자문, 법률자문, 자율무기, 음악 작곡 등 예술, 엔터테인먼트, 영어교육, 개인비서 등 다양한 분야에서 활용되고 있다. AI는 데이터를 습득해 이해하는 수준을 넘어 멀티 모달리티(Multi-Modality, 다중 양상) 능력을 갖추게 되었다. ChatGPT 등 초거대 AI는 언어(텍스트) 정보를 통해 수많은 데이터를 학습하고 인간과 유사한 추론 결과물을 내놓는다. 멀티 모달리티 AI는 여기서 더 나아가 이미지, 음성, 동작, 표정 등의 다양한 감각 영역을 넘나들며 다양한 생성물을 내놓는다.

　　2022. 7. 21. 시행된 지능정보화 기본법 제2조의 정의 규정에 이러한 내용이 담겨 법제화되었다.

　　"정보"란 광(光) 또는 전자적 방식으로 처리되는 부호, 문자, 음성, 음향 및 영상 등으로 표현된 모든 종류의 자료 또는 지식을 말한다(1호). "정보통신"이란 정보의 수집·가공·저장·검색·송신·수신 및 그 활용, 이에 관련되는 기기·기술·서비스 및 그 밖에 정보화를 촉진하기 위한 일련의 활동과 수단을 말한다(2호).

　　"지능정보기술"이란 ① 전자적 방법으로 학습·추론·판단 등을 구현하는 기술, ② 데이터를 전자적 방법으로 수집·분석·

가공 등 처리하는 기술, ③ 물건 상호 간 또는 사람과 물건 사이에 데이터를 처리하거나 물건을 이용·제어 또는 관리할 수 있도록 하는 기술, ④ 클라우드컴퓨팅기술, ⑤ 무선 또는 유·무선이 결합된 초연결지능정보통신기반 기술 등의 기술 또는 그 결합 및 활용 기술을 말한다(4호).

"지능정보화"란 정보의 생산·유통 또는 활용을 기반으로 지능정보기술이나 그 밖의 다른 기술을 적용·융합하여 사회 각 분야의 활동을 가능하게 하거나 그러한 활동을 효율화·고도화하는 것을 말한다(5호) "지능정보사회"란 지능정보화를 통하여 산업·경제, 사회·문화, 행정 등 모든 분야에서 가치를 창출하고 발전을 이끌어가는 사회를 말한다(6호).

(2) 지능정보사회의 위험성과 사회적, 윤리적 문제

지능정보화는 반복적이고 위험한 작업을 AI나 로봇이 대신하고, 에너지, 물 공급시스템을 개선하는 등 경제발전, 삶의 질 향상, 복리증진 등의 긍정적 기능도 많다. 그러나 자율주행 자동차가 보행자를 살리기 위해 옆으로 피하면 벽에 부딪히게 되어 승객이 사망하는 상황에서 어느 쪽을 선택해야 할지? 자율살상 무기는 허용될 수 있는지? 어느 범위까지 AI에게 결정을 위임할 것인지? AI가 어떻게 작동해서 결론을 내렸는지 설명하지 못하는 블랙박스 문제의 해소를 위한 투명성 보장 방안이 있는지? 뭔가 잘못되면 누가 책임을 져야 하는지? 등의 새로운 기술의 사용에 따른 사회적, 윤리적 문제가 뒤따

른다.37)

첫째, AI 기술이 발달할수록 기술 오남용, 조작 등의 위험성도 높아진다. AI 기반 얼굴인식 기술이 감시용으로 사용되어 프라이버시를 침해할 수 있다. 소셜미디어에서 사용되는 AI를 이용해 가짜 뉴스나 합성된 허위 음성, 혐오 발언을 퍼뜨릴 수 있다. 기술적 결함으로 인한 시스템 오작동, 해킹 등 보안 위협이 증대될 수 있다. 자동살상 무기의 사용 등으로 인간의 존엄성 가치가 약화할 우려도 있다.

둘째, AI의 자율성 증대에 따른 지능정보서비스 과의존, 편향성 등의 문제가 발생한다. 예를 들어 신용대출이나 구직 신청자에 관한 결정을 추천하는 알고리듬에서 편견과 부당한 차별의 문제가 발생할 수 있다.

셋째, AI가 일자리를 대신하게 되어 실업 문제가 발생하거나, 취약 계층의 정보격차 심화 등 사회 구조적 문제가 발생할 우려도 있다.

넷째, 지능정보화가 심화됨에 따라 사회구성원에 의하여 형성되는 행동방식·가치관·규범 등 생활양식과 문화가 달라지게 된다. 사람의 역할이 약화 되고, 사실과 허구가 뒤섞인 사회가 될 수 있으며, 스스로 사고하거나 무엇을 할지 결정할 수 있는 사람의 능력을 떨어뜨릴 수 있다.

이에 대비하여 지능정보화 기본법에서는 다음과 같이 규정한다.

---

37) 마크 코켈버그, 『AI 윤리에 대한 모든 것』, 신상규, 석기용 역, 아카넷 2023, 17쪽

국가[38]와 국민 등 사회의 모든 구성원은 인간의 존엄·가치를 바탕으로 자유롭고 개방적인 지능정보사회를 실현하고 이를 지속적으로 발전시킨다. 국가는 지능정보사회 구현을 통하여 국가경제의 발전을 도모하고, 국민생활의 질적 향상과 복리 증진을 추구함으로써 경제 성장의 혜택과 기회가 폭넓게 공유되도록 노력한다. 국가와 국민 등 사회의 모든 구성원은 지능정보기술을 개발·활용하거나 지능정보서비스를 이용할 때 역기능을 방지하고 국민의 안전과 개인정보의 보호, 사생활의 자유·비밀을 보장한다(3조 1항, 2항, 3항). 국가는 지능정보화로 발생·심화될 수 있는 불평등을 해소하고 노동환경 변화에 대하여 적극적으로 대응하기 위하여 노력하여야 한다(4조 4항).

국가는 공공서비스의 지능정보화를 도모하고 국민 편익 증진 등을 위하여 행정, 보건, 사회복지, 교육, 문화, 환경, 교통, 물류, 과학기술, 재난안전, 치안, 국방, 에너지 등 소관 업무에 대한 지능정보화를 추진하여야 한다(14조 1항). 정부는 산업·금융·의료 등 민간 분야의 생산성 향상, 부가가치 창출, 국민생활의 균등한 향상, 국가경쟁력 확보 등을 위하여 기업의 지능정보화 및 초연결지능정보통신기반의 구축·이용 등 민간 분야의 지능정보화에 필요한 사항을 지원할 수 있다(16조).

---

38) 이 법에서는 국가, 지방자치단체, 공공기관 등으로 구분하여 규정하나 이 글에서는 편의상 국가로 통칭한다.

"정보격차"란 사회적·경제적·지역적 또는 신체적 여건 등으로 인하여 지능정보서비스, 그와 관련된 기기·소프트웨어에 접근하거나 이용할 수 있는 기회에 차이가 생기는 것을 말한다(2조 13호). 국가는 정보통신망을 통하여 정보나 서비스를 제공할 때 장애인·고령자 등이 웹사이트와 이동통신단말장치에 설치되는 응용 소프트웨어 등 유·무선 정보통신을 쉽게 이용할 수 있도록 접근성을 보장하여야 한다(46조 1항).

국가는 정보를 처리하거나 지능정보서비스를 제공 또는 이용하는 모든 과정에서 정보보호를 위한 시책을 마련하여야 한다. 정부는 암호기술의 개발과 이용을 촉진하고 암호기술을 이용하여 지능정보서비스의 안전을 도모할 수 있는 조치를 마련하여야 한다(57조 1항, 2항). 국가는 지능정보기술을 개발·활용하거나 지능정보서비스를 제공·이용할 때 인간의 존엄과 가치를 존중하고 공공성·책무성·통제성·투명성 등의 윤리원칙을 담은 지능정보사회윤리를 확립하기 위한 시책을 마련하여야 한다(62조 1항).

2018년 12월에 유럽위원회는 AI에 대한 인간 중심적 접근, 기본권과 윤리적 원칙을 존중하는 신뢰 가능한 AI 개발을 촉구하는 윤리지침이 포함된 실무 문서 초안을 공개했다. 인간의 존엄성, 개인의 자유, 민주주의, 정의와 법치, 시민의 권리에 대한 존중이 그러한 기본 권리로 언급되었다. 윤리적 원칙들로 유익성(이롭게 하기)과 무해,

자율성(인간 행위주체성의 보존), 정의(공정함), 해명 가능성(투명하게 운영) 등이 포함되었다.

무해 원칙에 의하면, AI 알고리즘이 차별, 조작, 부정적 프로파일링을 피하고 아이와 이민자 등 취약 계층을 보호해야 한다. 정의의 원칙에 의하면, AI 개발자와 실행자는 개인이나 소수집단이 편향으로부터의 자유를 유지할 수 있도록 보장해야 한다. 해명 가능성의 원칙에 의하면, AI 시스템은 검사될 수 있어야 하고, 이해력과 전문성 수준이 다양한 사람들이 명료하게 이해할 수 있어야 하며, 이와 관련한 인간의 의사 결정도 설명 가능해야 한다.[39]

2. AI의 발전단계별 위험성과 자율성

구글 딥마인드 팀은 AI를 제한된(narrow) 활용과 범용적(general) 활용의 2단계로 나누고, 또 각각을 성능에 따라 6단계로 나눈 다음, 단계별로 AI가 실제 배치될 때 문젯거리가 될 수 있는 상황별 위험성과 자율성의 허용 범위 등 사회적, 윤리적 문제를 다룬다. 그 내용을 살펴보면 다음과 같다.[40]

(1) AI 발전단계별로 발생하는 위험성

AI 능력의 단계가 높아짐에 따라 오용 위험, 조정 위험(alignment

---

39) 『AI 윤리에 대한 모든 것』 180쪽
40) 「Levels of AGI: Operationalizing Progress on the Path to AGI」 9쪽~12쪽

risk) 및 구조적 위험을 포함한 새로운 위험이 도입된다.

첫째, 모든 Narrow AI, Emerging AGI, Competent AGI의 단계에서는 우발적, 부수적 또는 악의적인 오남용의 위험 등이 사람의 행동에서 발생할 가능성이 크다.

둘째, Expert AGI(3단계) 수준에서는 점점 더 많은 산업이 인간 노동 대신 AI로 대체되어 경제적 혼란 및 일자리 대체와 관련된 구조적 위험을 수반할 가능성이 크다. 반면에 Expert AGI(3단계)에서는 잘못된 작업 실행 위험과 같이 Emerging AGI(1단계) 및 Competent AGI(2단계)로 인해 발생하는 일부 위험이 완화될 가능성이 크다.

셋째, Virtuoso AGI(4단계) 및 ASI(5단계) 수준은 실존적 위험과 관련된 우려가 나타날 가능성이 큰 곳이다. 예컨대 광범위한 작업에서 인간 운영자보다 뛰어난 성능을 발휘할 수 있는 AI는 잘못 지정된 목표를 달성하도록 속일 수 있다.

(2) AI 발전단계별로 부여되는 자율성과 위험의 정도

구글 딥마인드 팀은 AI의 자율성을 0~5의 6단계로 나누고 단계별로 사용 가능한 AI의 능력 레벨과 위험을 적용한다.[41]

예를 들면 자율성 1단계(AI as a Tool)에서는 사람이 작업을 완전히 통제하고, AI는 자동으로 처리할 수 있는 부수 작업에 사용된다. 검색엔진을 이용해서 정보 검색을 하는 것 등이다. AI의 능력은

---

41) 「Levels of AGI: Operationalizing Progress on the Path to AGI」 10쪽~11쪽

자율성 수준(Level)	예시 시스템	AGI 레벨 잠금해제 (Unlocking)	도입되는 위험의 예
0: No AI 사람이 모든 것을 다함	아날로그 방식(예: 종이에 연필로 스케치) Non-AI digital workflows (예: 텍스트 편집기에서 입력, 페인트 프로그램에서 그리기)	No AI	해당 없음 (현 상태 위험)
1: 도구로서의 AI 사람이 작업을 완전히 제어하고, AI를 일상적인 보조작업 자동화에 사용	검색엔진 도움으로 정보 탐색 문법 검사 프로그램의 도움으로 작문 수정 기계 번역 앱으로 표지 읽기	Possible: Emerging Narrow AI Likely: Competent Narrow AI	탈숙련화 (예: 과도한 의존) 기존 산업의 혼란
2: 조언자로서의 AI 사람이 불러낼 때만, AI가 실질적인 역할을 수행	일련의 문서를 요약하기 위해 언어 모델에 의존 코드 생성 모델의 사용으로 컴퓨터 프로그래밍 가속화 정교한 추천 시스템을 통해 엔터테인먼트 대부분을 소비	Possible: Competent Narrow AI Likely: Expert Narrow AI; Emerging AGI	과도한 신뢰 급진주의 표적화된 조작
3: 협력자로서의 AI 동등한 사람-AI 협력; 목표와 업무에서 상호 협조	체스를 두는 AI와의 상호작용 및 분석을 통한 체스 선수로서의 훈련 AI가 생성한 인물과의 사회적 상호작용을 통한 엔터테인먼트	Possible: Emerging AGI Likely: Expert Narrow AI; Competent AGI	의인화 (예: 준사회적 관계) 급속한 사회 변화
4: 전문가로서의 AI AI가 상호작용을 주도; 사람은 안내 및 피드백을 하거나 부수 작업을 수행	AI 시스템을 사용하여 과학적 발견을 발전시킴(예: 단백질 접힘)	Possible: Virtuoso Narrow AI Likely: Expert AGI	사회적 규모의 권태 대량 노동 대체 사람 예외주의의 쇠퇴
5: 에이전트로서의 AI 완전 자율적 AI	자율적인 AI 기반 개인 비서 (아직 잠금 해제되지 않음)	Likely: Virtuoso AGI; ASI	인간적 가치와 불일치 (misalignment) 권력의 집중

Competent Narrow AI가 가능해지고, 기존 산업의 혼란 등 위험이 제기될 수 있다.

자율성 4단계(AI as an Expert)에서는 AI가 작업을 주도하고, 사람은 피드백이나 부수 작업을 한다. AI를 단백질 접기 등의 과학적 탐구에 사용하는 것 등이다. AI의 능력은 Expert AGI가 가능해지고, 대규모 실업 등 위험이 제기될 수 있다.

이러한 자율성 수준은 AI의 능력 수준과 상관관계가 있다. 자율성의 단계가 올라가면 더 높은 수준의 AI를 사용할 수 있게 된다. 그러나 특정 작업과 상황에서는 교육, 흥미, 평가 또는 안전상의 이유 등으로 더 낮은 수준의 자율성을 부여하는 것이 바람직할 수도 있다. 예를 들어 자율주행차는 AI가 완전한 자율성을 가지는 자율성 5단계(AI as an Agent)도 가능하지만, 자율성 0단계(No AI)로 낮출 필요가 있을 수 있다. 운전 초보자 교육, 운전 마니아의 흥미, 운전면허 시험, 고장이나 기상 이변 등 센서를 신뢰할 수 없는 안전상조건 등이 고려될 수 있다.

3. 사람의 자유의지와 AI의 자율성

(1) AI의 자율성 증대에 따른 과도한 신뢰, 의사결정 왜곡

AI는 설계, 개발, 시험, 상용화의 단계를 거쳐 실생활에서 활용된다. AlphaFold는 아미노산 염기서열에서 단백질의 3차원 구조를 예측하는 단일 작업을 수행하는 데 있어, 사람의 능력을 초월하였다. ChatGPT 등 범용적인 초거대 AI는 멀티 모달리티(Multi-Modality)로 진화하여 언어 추론뿐만 아니라 이미지, 음성 등으로 표현되는 다양한 생성물을 내놓는다.

구글 딥마인드 팀에 따르면, ChatGPT는 AI의 단계를 넘어 Emerging AGI의 단계로 진입하여, 숙련되지 않은 사람과 같거나 보다 나은 능력을 갖췄다. 그보다 1단계만 높아져도 Competent AGI로 진화하고, 숙련된 성인의 50% 정도 능력을 발휘하게 된다. Emerging AGI의 단계에서는 조언자로서의 자율성이 주어진다. 즉 사람의 지시에 따라 중요성이 있는 임무를 수행하게 된다. 이때는 AI에 대한 과도한 신뢰, 조작 등의 사회적, 윤리적 문제가 발생한다. Competent AGI의 단계에서는 AI에게 협력자로서의 자율성이 주어진다. 이때는 사람과 대등한 입장에서 협력하며 임무를 수행한다. 이때는 의인화(인간 이외 무생물에 인간적 특성이 부여됨), 급격한 사회적 변화 등의 사회적, 윤리적 문제가 수반된다. Emerging AGI의 단계에서도 때에 따라서는 AI가 협력자 역할을 맡을 수도 있다.

제조, 금융, 의료, 군사 등 각 분야에서 컴퓨터 소프트웨어의 역할이 확대되고 있고, 여기서 찾아내는 경험적, 실증적 데이터 분석자료가 의사결정에 실제로 활용되고 있다. 그러나 AI가 데이터 수집과 분석이라는 인식적 활동의 범위를 넘어, 의사결정이라는 실천적 활동에 영향력을 행사하게 된다면 문제가 있다. AI의 역할과 자율성이 조력자에서 협력자로 진화할 때는, AI에 대한 과도한 신뢰, 조작, 의

인화 등이 현실적인 문제로 나타나게 된다. 신용대출이나 구직 신청자에 관한 결정을 추천하는 알고리듬에서 편견과 부당한 차별의 문제가 발생할 수 있다. 스스로 사고하거나 무엇을 할지 결정할 수 있는 사람의 능력을 떨어뜨릴 수 있다.

(2) 사변 영역과 실천 영역 사이 심연

칸트에 의하면, 사변 영역에서는 지성의 주도로 경험 가능한 현상에 대해 자연의 법칙을 탐구한다. 자연법칙이 적용되는 현상은 시간상 앞서는 다른 원인에 종속된다. 반면 실천 영역에서는 초자연적인 물자체에 대해 자유의 법칙을 수립한다. 자유는 자연의 인과필연성을 끊고 새로운 인과관계를 개시할 수 있는 능력이다. 사변 영역과 실천 영역 사이에는 이같이 광대한 심연이 있다. 무엇을 알 수 있느냐는 존재의 영역과 무엇을 해야 하느냐는 당위의 영역 사이 경계를 명확히 해야만, 사실관계에 대한 정확한 판단과 합리적 의사 결정이 가능하다. 사변 영역과 실천 영역 사이에는 이처럼 뚜렷한 경계가 있지만, 마음먹은 것을 현실로 만들 때는 실천 영역이 사변 영역에 영향을 미치게 된다. 자유의지로 추구하는 바는 감성세계에서 실천을 통해 현실화된다.

AI를 활용해 데이터를 수집하고 분석하는 것은 지성이 주도하는 사변 영역에 속한다. 그 분석 결과를 토대로 의사 결정을 하는 것은 이성이 주도하는 실천 영역에 속한다. AI에게 조력자 또는 협력자로서의 자율성이 주어질 수 있다. AI가 복잡한 법률 문서를 요약하거나 관련 판례, 학설 등을 검색하는 데 도움을 줄 수 있다. 법률 의견서나 판결문의 초안을 생성할 수도 있다. 그러나 AI에게 판결이나 중요한 결정을 미룰 수는 없다. AI에 의사 결정을 미루거나 맡기게 되면, 사변 영역과 실천 영역 사이에 있는 깊은 골짜기를 침범하는 것이 된다. AI가 있는 자연법칙 세계가 사람이 있는 자유 법칙 세계로 넘어오는 것이 된다. AI에는 사변 영역에 영향을 미칠 수 있는 자유의지나 이성이 없다. AI가 제공하는 방대한 데이터 분석자료와 그 분석 결과가 객관적, 합리적 의사 결정에 도움을 줄 수 있지만, 사람이 최종적인 정책이나 의사결정의 주체로서 자유의지와 이성으로 추구하는 바를 실천하여야 한다.

4. 자유의지의 실현인 실용법칙과 도덕법칙

　　의사 결정과 그에 따른 실행이라는 사람의 이성적 행위가 실용법칙에 따를 때는, 이성은 행복의 극대화라는 통제적 도구로 사용된다. 쾌락과 자기 이익의 추구가 행복이라는 하나의 목적으로 결합하고, 그 목적들을 달성하기 위한 수단을 목적과 조화시키는 것은, 이성의 통제적 또는 도구적 사용에 해당한다. 실용법칙은 원인과 결과라는 자연 개념들에 따라서 기술적, 실천적인 숙련의 규칙들을 만든다. 규칙이 타산성에 맞춰져 있으므로, 적절히 예외를 인정하면서 알맞은 방식으로 목적을 달성해 가는 영리함이 필요하다.

　　한편, 도덕법칙은 자기 이익이나 행복의 증대라는 목적과 이것을 만족시키는 수단을 도외시하고, 무엇이 선 또는 자유의 객관적 법치이냐, 자유와 행복은 어떻게 조화될 수 있느냐를 경험에 근거하지 않고 선험적으로 고찰한다. 선험적인 도덕법칙은 욕망 또는 의지의 내용이 아닌 의지의 보편적 형식으로부터 얻어져야 한다. 보편적인 도덕법칙은 일상적이고 상식적인 이성 사용과 선의지에 근거를 둔다. 사람 속에는 이해타산을 따지지 않으며, 측은함을 느끼고, 부끄러워하고, 사양하고, 옳고 그름을 따지는 마음이 있다.

칸트에 따르면, 윤리성은 주어진 목적을 위한 행위, 기술적, 전략적, 실용적 유용성을 가리키는 것이 아니다. 또한 윤리성은 사회의 관습, 법적 구속력과 일치하지도 않는다. 윤리적인 것은 아무런 조건 없이 그 자체로 선한 것이다. 이러한 칸트의 규범적 이념은 행위의 개인적 측면에만 적용되는 것이 아니라, 제도적 측면, 특히 법률과 국가에 대해서도 타당하다. 이 규범적 이념은 인격체의 윤리성으로서의 도덕성뿐만 아니라, 법률에 대한 이성개념, 즉 인격체들의 공동생활에서 윤리성으로서 정치적 정의에서도 타당하다.42)

이처럼 칸트의 윤리학은 먹고사는 현실적인 문제, 실질적인 복리증진에 대해 무관심하므로 윤리성을 보편적인 복지의 개념으로 접근하는 공리주의보다 못하다는 주장이 제기된다. 그러나 칸트의 도덕법칙은 행복에 대한 요구를 포기하자는 것이 아니다. 오히려 타인의 행복과 보편적 복리증진을 사회적 책임의 원리와 윤리적 명령으

---

42) 『임마누엘 칸트』 213쪽

로 간주한다는 점에서 공리주의에 반하기보다는 공리주의와 일치한다. "네 의지의 준칙이 항상 보편적 법칙 수립의 원리로서 타당할 수 있도록, 그렇게 행위하라."라는 정언명령을 따르는 것은 이웃의 복지라는 관점에서 자신들의 행위 결과를 정확히 고려한다는 것을 전제한다.[43]

또한 칸트의 윤리학은 보편적 복지 등 보편적 법칙 수립이 개인의 의지 자율에 기초해야 한다는 점에서 공리주의와 차이가 난다. 칸트의 이성적인 법개념에 따르면, 법은 "자유의 보편적 법칙에 따라서 한 사람의 자의가 타인들의 자의와 함께 결합할 수 있는 조건들의 총체"이다.[44]

AI가 활용될 때 생길 수 있는 사회적, 윤리적 문제에 실용법칙과 도덕법칙을 대응해 보면 다음과 같은 원칙이 제시될 수 있다. AI 기술의 개발과 활용이 생산성 향상, 부가가치 창출을 통해 생활의 질적 향상과 복리 증진에 이바지할 수 있도록 효용을 극대화할 필요가 있다. 또한 AI 기술의 발전 정도, 적용 분야, 개발자와 이용자들의 인식 정도, 유발 효과, 오남용의 위험성 등을 경험적으로 분석하여 적

---

43) 『임마누엘 칸트』 229쪽, 이와 관련하여, 이명휘 교수도 '칸트의 도덕원칙은 의지의 특정한 목적을 고려하고 있지 않으며, 하나의 추상적 원칙에 불과하다고 보는 것은 오해'라고 하며 다음과 같이 설명한다. "칸트윤리학에 나타나는 형식적인 원칙들은 비록 보편화에 대한 요구를 포함하고 있기는 하지만, 의무의 구체적인 내용을 결정할 수 있을 뿐만 아니라 그것 자체에 이미 '자신의 원만성'과 '타인의 행복'이라는 두 가지 목적이 함축되어 있다." 『유교와 칸트』 제1장 유가와 자율도덕(ebook)

44) 『임마누엘 칸트』 260쪽

절한 대응 방안과 규칙을 설계하는 것이 필요하다. 시스템 오작동, 해킹 등 보안 위협, 가짜 뉴스, 프라이버시 침해, 일자리 배분, 정보 격차, 빈부격차 등 AI 기술 활용에 따른 위험 증대와 오남용에 대한 유효적절한 통제도 필요하다. 그 과정에서 개인의 자유, 인간의 존엄성, 공공선, 의사결정의 투명성, 민주주의 등의 윤리적, 법제도적 가치가 보장되어야 한다.

Chapter 04

칸트의 심미론과 AI

01
칸트의 심미론

1. 주관적 감정에 근거함에도 보편성도 가지는 미적 판단

(1) 인식판단과 미적 판단의 차이

어떤 꽃을 보고, '이 꽃은 빨갛다'라고 하면 인식판단이다. '이 꽃의 향기가 좋다'라고 하면 감관판단이다. '이 꽃은 아름답다'라고 하면 미적 판단이다. '이 꽃은 빨갛다'는 객체의 상태에 근거한 객관적 인식판단이므로 정답이 있을 수 있다. 그런데 '이 꽃의 향기가 좋다' 또는 '이 꽃이 아름답다'는 주체의 감정 또는 느낌에 근거한 주관적 판단인데, 정답이 있을 수 있을까?

사람 마음의 능력은 앎, 욕망, 감정(느낌)의 3가지로 환원될 수 있다. 앎의 능력에 의해 인식판단을, 욕망의 능력에 의해 실천판단을, 감정의 능력에 의해 감성적 판단을 한다. 감성적 판단은 감관판단과 미적 판단으로 나눌 수 있다. 미적 판단은 아름다움과 숭고로

나누어진다. 또 아름다움은 자연의 아름다움과 예술작품의 아름다움으로 나눌 수 있다.[1]

칸트의 답은 "감성적 판단 중 감관판단은 정답이 없지만, 미적 판단은 정답(보편성)이 있다."라는 것이다. 물론 미적 판단의 정답은 인식판단의 정답과 다른 방식으로 탐색된다. 인식판단에서는 개념을 전제하지만, 미적 판단에서는 개념을 전제하지 않는다. 미적 판단에서는 특수한 것만 주어져 있어 그에 관한 판단을 내리기 위해서 보편적인 것을 발견해야 한다(반성적 판단). 그리고 이 보편적인 것은 지성의 개념이 아니라서 규정될 수 없고 증명될 수도 없다.

(2) 미적 판단의 네 가지 특성

칸트는 미적 판단(여기서는 '미적 판단', '취미판단', '반성취미'를 같은 의미로 사용한다)이 질, 양, 관계, 양태의 측면에서 다음과 같은 특성을 띤다고 한다.

첫째, 어떤 대상에 대해 일체의 관심 없이(disinterested) 만족감을 느낄 때 아름답다고 판정한다.

취미판단의 대상은 아름다운 자연 또는 예술작품이다. 그 대상이 ① 감각적인 즐거움을 주는 것인지, ② 좋은 것인지, 이로운지, 바람직한지 등 이해타산과 무관하다. 동물도 감각적인 즐거움을 느

---

1) 칸트의 『판단력 비판』은 제1편의 '미감적 판단력 비판'과 제2편의 '목적론적 판단력 비판'으로 나누어져 있다. '미감적 판단력 비판'은 '미의 분석론'과 '숭고의 분석론'으로 구분되어 있다. 이 글에서는 '미의 분석론'을 주로 다룬다.

낄 수 있으나, 아름다움은 동물적이면서도 이성적 존재자인 인간만이 느낄 수 있다. 또한 취미판단은 인식판단이 아니라서 개념에 기초하지 않고 이해타산을 목표로 삼지도 않는다. 대상이 아름답다는 판정에서 관건이 되는 것은 대상을 관조하며 내 안에서 무관심하게 스스로 만들어내는 것이다.

둘째, 아름다움은 개념이 없지만 보편적이다.

아름다움은 일체의 이해 관심에서 벗어나 있으므로 보편적일 수 있다. 아름답다고 판단하는 사람은 사적인 이해관계로부터 자유롭게 취미판단을 하기 때문에 자신뿐만 아니라 다른 사람도 비슷한 만족감을 느낄 것이라고 기대한다. '어떤 장미가 아름답다'는 판단은 '반성취미'이고, 다른 사람의 찬성을 요구하거나 기대한다. 반면 '장미의 향기가 쾌적하다'는 판단은 '감관취미'이다. 감각적인 즐거움을 주는 대상에 대해서는 각자 고유한 취향을 가지는 것으로 여겨지지, 보편성을 주장하지는 않는다.

취미판단이 보편을 가지더라도 이 보편성은 주관적 보편타당성을 의미한다. 객관적으로 타당할 수는 없다. 취미판단에서는 개념이 적용되지 않으므로, 어떤 것을 아름답다고 인정하도록 강요하는 규칙은 없다. 개념의 제한에서 벗어나 생기를 얻은 상상력과 지성의 자유로운 유희의 마음 상태가 감각에 실려 보편적으로 전달된다.

셋째, 취미판단의 대상은 형식적 합목적성을 지니고 있다.

예술작품이나 아름다운 자연 등 취미판단의 대상들은 합목적성을 지닌다. 합목적성은 부분과 전체가 유기적으로 결합하여 목적에 적합함을 뜻한다. "합목적성은 어떤 대상이 특정한 목적을 가지는 성질을 말한다. 예를 들면 비행기의 날개는 날기 위한 비행기의 목적으로 볼 때 합목적성을 지닌다. 어떤 것을 아름답다고 느낄 경우 그 속에는 적어도 어떤 형식적인 조화, 즉 합목적적인 질서가 존재한다는 것이다."[2] 그런데 취미판단에서는 일체의 관심이 없으므로 특정된 목적이 없다. 따라서 취미판단의 대상들은 형식적 합목적성 또는 목적 없는 합목적성을 이룬다. 상상력과 지성의 자유로운 유희의 마음 상태도 형식적 합목적성을 이룬다.

매력, 감동 등 감각적인 즐거움을 찾는 감관취미는 경험적이고 질료적인 미감 판단이다. 사람, 건축물 등의 아름다움은 그 사물이 무엇이어야 하는가를 규정하는 개념을 전제하므로 부수적인 미다. 순수한 취미, 즉 반성취미는 개념을 전제하지 않고 경험(감각)에도 무관심한(disinterested) 형식적 합목적성을 지닌다. 형식적 합목적성이 밝혀지거나 느껴질 때 우리는 아름다운 것을 음미하면서 머무른다. 이 음미는 자기 자신을 강화하고 재생산한다.

넷째, 감정의 보편적 전달 가능성은 공통감을 전제로 한다.

꽃이 아름답다고 말할 때는 다른 사람의 동의를 요구하므로, 이 감정은 사적 감정이 아니라 공통적인 감정을 기초로 하고 있다. 상상력, 지성 등 인식능력들의 자유로운 유희에서 생기는 생동감과 이러한 감정의 보편적 전달 가능성의 원리가 공통감이다. "미적 경험

---

2) 『데리다&들뢰즈, 의미와 무의미의 경계에서』 97~98쪽

의 주관적 자아 감정 속에는 세계와 생명 일반에 대한 보편적 감정이 포함되어 있다."[3]

2. 특수에서 보편을 찾아가는 반성적 판단

(1) 규정적 판단과 반성적 판단의 구별

칸트는 판단력을 '특수한 것을 보편적인 것에 포함된 것으로 사고하는 능력'이라고 정의하고, '규정적 판단'과 '반성적 판단'이라는 두 가지 종류로 구별한다. '규정적 판단'은 규칙, 원리, 법칙 등 보편적인 것이 미리 주어져 있을 때, 특수한 것이 그 보편적인 것 아래 포섭되는지를 판단하는 것이다. '반성적 판단'은 특수한 것만 주어져 있고, 그 특수한 것을 포섭할 수 있는 보편적인 것을 찾아내야 하는 판단이다.

사변적 인식에서는 보편적인 것이 개념, 규칙 등으로 미리 주어지기 때문에 주로 규정적 판단이 내려지고, 미적 판단에서는 개념 등이 미리 주어지지 않기 때문에 반성적 판단이 내려진다고 보는 것이 일반적이다. 그런데 들뢰즈는 반성을 통해 이미 있는 개념을 발견할 수도 있으므로, 규정적인지, 반성적인지를 구별하는 것은 보기보다 훨씬 복잡하다고 한다.

---

3) 『임마누엘 칸트』 325쪽

[2] 사변적 인식에서의 규정적 판단과 반성적 판단

의사의 장티푸스 진단은 사변적 인식에 해당한다. 그런데도 들뢰즈는 이 진단을 반성적 판단의 실례로 든다. "장티푸스(개념)는 알지만, 개별적 경우에서 장티푸스를 식별(판단 또는 진단)하지 못하는 의사가 있을 수 있다. 우리는 타고난 재질과 기술을 함축하는 의사의 진단을 규정적 판단의 예로 보는 경향이 있다. 왜냐하면 여기서 개념은 이미 알고 있다고 전제되기 때문이다. 그러나 주어진 개별적 경우에 대해 개념 자체가 주어지지 않는다. 여기서 개념은 개연적이거나 또는 전적으로 규정되어 있지 않다. 사실 진단은 반성적 판단력의 사례[4]이다."[5]

의사는 교육과 훈련, 반복된 진료를 통해 판단의 정확도와 신뢰도를 높여 간다. 그 과정에서 의사는 환자들의 특성을 종합하여 장티푸스라는 개념에 대응하는 도식을 형성해나간다. 다양한 사례의 특성을 잘 추려 간략하게 도식으로 요약되어 있으면, 환자의 증세를 보고 신속하고 정확하게 장티푸스를 찾아낼 수 있다. 장티푸스의 개

---

4) "의사가 환자 일반이 아닌 특정한 환자를 장티푸스로 진단(판단)하기 위해서는, 두통, 구토, 설사, 발열 등과 같은 장티푸스의 일반적인 증상에만 따라서 추상적으로 판단하는 규정적 판단력으로는 부족하다. 나아가서 그러한 장티푸스의 일반적인 증상과 환자의 개별적인 체질, 환경, 지병, 가족의 병력 등과의 관계에 따라 구체적으로 판별할 수 있는 반성적 판단력이 필요하게 된다."라는 견해도 있다. 박수범, 「칸트 인식론에서 규정적 판단력과 반성적 판단력의 관계」, 『2015년도 선정 시간강사연구지원사업 결과보고서』 16쪽

5) 『칸트의 비판철학』 112쪽

념이 아닌 도식으로 진단을 한다. 그 도식은 의사마다 다르게 그려질 것이다. 이런 점 때문에 들뢰즈는, 의사가 특정 환자의 병세를 살펴보고 장티푸스라고 진단하는 것은 사변적 인식의 영역임에도 반성적 판단으로 보는 것 같다.

법적 판단은 법의 보편적 의미가 미리 주어진 상태에서 개별 사안에 적용되므로 규정적 판단에 해당한다고 보는 것이 일반적이다. 그러나 쉽게 결론이 나지 않고 견해도 나뉘는 난이도 높은 사안도 많다. 이러한 난해한 사안(hard case)의 법적 판단에서는 반성적 판단이 내려진다고 보는 견해도 있다.[6]

반면, 미적 영역에서는 반성적 판단만 있다. 특수에서 보편을 찾아가는 판단의 과정이 있지만, 그 보편은 규정될 수 있는 개념이 아니고, 주관적이다. 그 보편은 주관적 합목적성이다.

---

6) 이 견해에 따르면, "법 해석이란 개별 사안이 놓인 구체적 지점에서, 해석자의 구체적이고 상대적 시각으로부터, 그에게 개방된 여러 차원을 통해 법규범을 바라보고 또 이를 재현하는 문제다. 사안은 법 해석자에게 칸트적 의미의 반성적 판단을 강요하는데, 해석자는 법의 규정적 의미를 발견하거나 법의 사후적 의미를 정당화하는 것이 아니라 사안이라는 계기를 통해 법의 반성적 의미를 일깨움 받는다. 난해한 사안에서 법에 관한 반성적 추론은 무엇이 입법 목적인지에 관한, 나아가, 전체로서의 법의 통일성에 관한 반성적 귀속의 과정이며, 선취된 법개념에 따라 어떤 대상을 재인식하여 개념에 포섭하는 것이 아니라, 미의 개념 없이 무엇인가 아름답다는 것을 깨닫는 과정처럼 그 대상에 합당한 개념을 되찾아주는 일에 가깝다.", 송민경, 「난해한 사안에서의 법적 판단에 관한 연구 – 법의 공간적 재현과 반성적 추론의 시론」 저스티스 통권 제178호(2020), 393쪽

(3) 미적 영역에서의 반성적 판단

'장미의 향기가 쾌적하다'는 판단은 '감관취미'이다. '어떤 장미
가 아름답다'는 판단은 '반성취미'이다. 감관취미와 반성취미의 공통
점은 '나'라는 주관에게 즐거움의 감정을 불러일으킨다는 것이다. 이
들은 판단 주체의 감정에만 관계되므로 주관적일 수밖에 없다.

감관취미에서는 질료적인 감각(sensation, 미감)이 즐거움을 일으
킨다. 어떤 색상, 음색, 향기가 감각적인 즐거움을 주는지는 각자 고
유한 취향을 가지는 것으로 여겨진다. 그래서 보편성을 주장하지는
않는다. 반면 반성취미에서는 질료적이고 개별적인 쾌감에 한정되지
않고 다른 사람들과 공감할 수 있는 일반적인 쾌감을 요구하거나 기
대한다.

미적 판단에서는 직관의 대상한테서 오는 질료적인 감각이 아
니라 그 대상의 형식이 즐거움을 일으키는 근거가 된다. 대상에 한정
된 개개의 질료적인 경험을 보편화 또는 일반화할 수 있는 형식이
숨어 있다면, 이 형식을 찾아낸 사람들은 그 속에 담긴 즐거움을 공
감할 수 있다.

칸트에 따르면, 상상력이 개념의 개입 없이 이 형식을 만들거나
찾아내는 일을 맡지만, 의도하지 않더라도 지성과 비교하지 않을 수
없다고 한다. 그 과정에서 상상력은 지성을 일깨우고, 지성은 상상력
을 자유롭게 함으로써 상상력이 지성과 일치하게 된다. 그 효과로 즐
거움이 불러일으켜지고, 질료적인 감각 경험의 한계를 넘어 보편성

을 얻을 수 있는 합목적성을 포착할 수 있다. 이에 대해 들뢰즈는 "상상력은 규정된 지성 개념과 관계하지 않는다. 그러나 상상력은 개념의 능력 일반으로서의 지성 자체와는 관계한다. 즉 상상력은 지성의 규정되지 않은 개념과 관계한다. 자유로운 상상력과 규정되지 않은 지성의 일치가 바로 미감적 공통감각을 규정한다."[7]라고 설명한다.

요컨대 취미는 마음의 능력인 앎, 욕망, 느낌 중 느낌에 근거한다. 또 다른 마음의 능력인 감성, 상상력, 지성, 이성의 작동이라는 관점에서 볼 때는, 상상력은 지성의 규정적 지시를 받지 않고 자유롭게 활동하고, 지성은 규정되지 않은 개념으로 활동한다. 즉 능력들이 규제되지 않은 활동을 함으로써, 특수에서 개념 없는 보편을 찾아간다. 감성에 의해 가공 없이 전달되는 느낌이 일차적 감각이라고 하면, 공통감은 상상력에 의해 가공된 느낌인 이차적 감각이다. 그것은 피상적인 감각적 쾌락, 기교를 넘어서, 감각들에 원초적인 통일성을 주는 살아 숨을 쉬는 리듬인 공통감이다.

3. 예술에 생명력을 불어넣는 미감적 이념

(1) 미적 기예의 산물인 예술작품

미적 판단은 아름다운 자연을 대상으로 할 수 있지만, 사람의

---

7) 『칸트의 비판철학』 95쪽~96쪽

기예로 다듬고 만든 예술작품을 대상으로 할 수도 있다. 기예가 즐거움의 감정을 직접적인 의도로 삼으면, 그것은 '미감적 기예'다. 미감적 기예는 '쾌적한 기예'이거나 '미적 기예'다. 쾌적한 기예는 향락을 목적으로 하는 기예다. 사람들의 기분을 유쾌하게 하는 것이다. 쾌적한 기예는 감관취미에, 미적 기예는 반성취미에 속한다. 따라서 쾌적한 기예는 보편적 전달 가능성을 요구하지 않는다. 즐거움의 보편적 전달 가능성은 감각으로부터 오는 향락의 즐거움이 아니라, 반성의 즐거움이다. 예술작품은 미적 기예의 산물이다.

대상에 대한 미적 표상은 개념이 아니라 형식적 합목적성을 통해 보편적으로 전달된다. 예술작품에서 합목적성은, 비록 의도적일지라도, 의도적으로 보여서는 안 된다. 예술가는 작품에 이 형식을 주기 위해 자연이나 예술의 여러 가지 사례들에 따라 훈련하고 교정한다. 수고로운 시도를 되풀이한 후 아름다움을 표현할 수 있는 형식을 발견하게 된다.

(2) 미감적 이념과 천재

어떤 예술작품은 취미와 관련해서 아무런 비난할 점을 발견할 수 없지만, 정신이 결여될 수 있다. 어떤 음악의 선율은 우아하고 감각적인 즐거움을 주지만 쉽게 싫증이 나고 감동을 거의 주지 않는다. 어떤 그림은 기교적으로는 흠잡을 데 없지만 사진 같거나 뭔가를 흉내 낸 것 같다. 우리는 이런 작품을 표현할 때 정신이 결여되어 있다고 한다. 여기서 정신이라는 말이 뜻하는 바는 무엇인가?

정신이란 미감적 의미에서 마음의 생기를 일으키는 원리를 말한다. 마음의 능력들이 자유롭게 유희하고 스스로 증강해가며 영혼에 생기를 준다. 상상력은 자유로워져 개념과의 일치를 넘어선다. 지성의 개념에서는 고려하지 않았던, 꾸밈이 없고 내용이 풍부한 미발전된 재료를 오히려 지성에게 제공한다. 지성은 이 재료를 받아 객관적인 인식을 위해 사용하지 않고, 주관적으로 인식하는 힘들에 생기를 불어넣기 위해 사용한다.

　　정신은 미감적 이념들을 현시하는 능력이다. 미감적 이념은 말로 많은 것을 사고하도록 유발하지만 어떠한 특정한 개념으로도 채울 수 없고, 어떠한 언어로도 온전히 설명할 수 없는, 상상력의 표상이다. 자유로운 상상력과 규정되지 않은 지성의 형식적 일치로 아름다움을 불러일으킬 수는 있다. 그 아름다움이 단순히 무관심에 그치고 미감적 이념으로 통합되지 않으면, 취미는 활기 없고 생명 없는 상태에 머문다. 상상력과 지성이 자유롭게 유희하며 초감성적 이념으로 통합될 때 정신을 부여받게 된다.

　　천재란 기예에 규칙을 주는 타고난 자질이다. 독창성과 원본성이 천재의 제일 속성이다. 천재의 작품은 어떻게 성립되었는지를 말로 기술할 수 없다. 그 때문에 천재는 어떠한 학문으로도 가르칠 수 없고, 노력만으로는 배울 수 없다. 천재란 미감적 이념들의 능력이다. 예술에서 상상력과 지성의 일치는 천재를 통해서 생명을 얻는다. 천재는 미감적 이념을 느낌으로 찾아내고, 이 이념을 드러낼 수 있는 표현을 꼭 집어낸다. 이 표현을 통해 이념에 의해 일으켜진 주관적 마음의 정조가 다른 사람들에게 전달된다.

이 천재의 재능이야말로 본래 사람들이 정신이라고 부르는 것이다. 그 표현의 방식이 음악이든, 회화든, 언어든, 빠르게 지나가는 상상력의 유희를 포착하여, 규칙들의 강제 없이 전달되는 하나의 개념 속에 통합하는 능력이다. 이 개념은 지성의 개념이 아니라 초감성적인 이념, 즉 미감적 이념이다. 미감적 이념은 원본적이고, 어떤 선행하는 원리나 실례로부터 추론될 수 없었던 새로운 규칙을 개시한다.

우리 안의 초감성적이고 규정되지 않은 미감적 이념만이 우리 자신에게도 그 원천이 숨겨져 있는 이 능력의 수수께끼를 풀 수 있는 유일한 열쇠다. 무엇에 의해도 더는 파악될 수가 없다. 취미의 최고의 전형 즉 원형은 각자가 자신 안에서 스스로 만들어내지 않으면 안 되는 순전한 이념이다. 취미의 원형은 무규정적인 이념으로서 개별적인 현시에 의해서만 표상될 수 있는 미적인 것의 이상이다.

(3) 미감적 이념과 이성적 이념

상상력은 자연에서 받은 재료로부터 또 다른 자연을 창조해내는 데 매우 강력한 힘을 가지고 있다. 경험의 한계 너머에 있는 또 다른 것에 이르려고 애쓴다. 이때 상상력의 표상으로 모습을 드러내는 것이 미감적 이념이다. 그러면 천재가 감성화하려고 했던 미감적 이념의 정체는 무엇일까?

말로 규정할 수 없지만, 감각적으로 표현되는 미감적 이념과 눈에 보이지 않지만, 개념으로 생각되는 영원, 창조, 사랑, 죽음 등의 이성적 이념은 같은 것이다.[8] 들뢰즈는 미감적 이념과 이성적 이념의 관계를 이렇게 설명한다. '이성적 이념은 그에 적합한 어떤 직관도 가지지 않는 개념이며, 미감적 이념은 그에 적합한 어떤 개념도 가지지 않는 직관이다. 미감적 이념은 참으로 이성적 이념과 같은 것이다. 이성의 이념은 경험을 넘어선다. 이성의 이념이 영원, 창조 등 자연 속에 대응하는 대상을 가지지 않기 때문이든, 또는 사랑, 죽음 등 단순한 자연현상을 정신적 사건으로 만들기 때문이든 간에, 이성의 이념은 경험을 넘어선다. 그러므로 이성의 이념은 표현 불가능한 어떤 것을 내포한다. 미감적 이념은 모든 개념을 넘어선다. 이 이념은 우리에게 주어진 것과는 다른 자연의 직관을 창조하기 때문이다. 미감적 이념은 이성적 이념이 내포하고 있는 표현할 수 없는 것을 표현한다.'[9]

취미의 대상이 자연일 때, 이성적 이념을 자연의 아름다움 속에서 발견할 수도 있다. 들뢰즈는 그것을 우연적 일치라고 표현한다. '우리는 자연의 산물들과 무관심한 즐거움 사이의 우연적 일치에서 이성적 관심을 체험한다. 백합은 순수한 순결의 이념을 일깨운다. 여

---

8) 칸트는 '판단력비판'에서 '지성과 이성 사이에 판단력이 포함되어 있듯이, 인식능력과 욕구능력 사이에 쾌의 감정이 포함되어 있다. 욕구능력에서는 쾌·불쾌의 감정이 포함되어 있으므로, 판단력이 논리적 사용에서 지성으로부터 이성으로 넘어감을 가능하게 하듯이, 자연개념의 관할 구역에서 자유개념의 관할구역으로 넘어감을 야기할 것이다'고 추측했다. 『판단력비판』 162쪽, 저자는 미감적 이념과 이성적 이념은 모두 경험이라는 동일한 지반 위에서 경험을 넘어서는 것으로서, 인식능력(지성), 욕구능력(이성), 쾌의 감정(반성적 판단력)이라는 마음의 능력들이 통합되어 나타나는 것이라고 본다.

9) 『칸트의 비판철학』 107쪽

기서 이념들은 자연의 자유로운 질료 속에서 간접적으로 현시되는 대상이다. 감성적 자연의 자유로운 질료들은 이성의 이념들을 상징화한다. 이렇게 해서 이 질료들은 지성이 확장되고, 상상력이 자유로워지도록 해 준다.'10)

10) 『칸트의 비판철학』 104쪽

1. 심상(心象)과 지음(知音)

저자가 대학교 다닐 때 경험했던 일이다. 어떤 상(象)이 가슴 또는 심장 부근에 생겼다. 둥근 그릇에 담긴 채 반짝이면서 출렁이는 붉은 액체로 된 심상(心象, 이미지)이 갑자기 보였다. 어떤 감정이 마음속에서 이런 상(象)의 형태로 나타난 것이다. 이 가슴 속에 담긴 감정과 이것이 시각화되어 나타나는 상(象)을 누군가 이해해주기를 바랐지만, 친구들과 이야기해도 그 느낌을 잘 알아주지 못하는 것 같았다. 말로 표현해서 전달하기도 어려워 답답했다.

우연히 블라디미르 아쉬키나지가 연주하는 베토벤의 '월광소나타'(피아노 소나타 14번) 1악장을 들었을 때 나한테 나타났던 그 감정을 그대로 느낄 수 있었다. 누군가 이해해주었으면 하던 그 마음을 베토벤의 음악이 공감해 주었다. 춘추전국시대 종자기가 백아의 거문고 연주를 듣고 백아의 마음속을 알아챈 것처럼[지음(知音)].

월광소나타라는 이름은 베토벤이 직접 붙인 이름은 아니다. 음악평론가이자 시인이었던 루드비히 렐슈타프(Ludwig Rellstab)가 '달빛이 비치는 스위스 루체른 호수, 그 위 뜬 조각배를 떠오르게 한다'고 한데서 유래되었다. 달빛이 비치는 호수 물결의 이미지는 내 마음속에서 그릇에 담겨 반짝이면서 출렁이는 붉은 액체의 심상(心象, 이미지)과도 닮아있다. 나의 마음속에 숨겨져 있다가 그 모습을 시각적인 심상(心象)의 형태로 드러낸 어떤 감정이 베토벤의 월광소나타 안에서 소리로 표현되고 있었다.

세월이 흘러 저자가 칸트 미학을 접하면서, 이 심상(心象)과 지음(知音)이 공통감, 미감적 이념으로 설명될 수 있음을 알게 되었다. 칸트는 미적 체험을 자기 자신을 강화하고 재생산하는 음미의 과정이라고 했다. 이 과정에서 각자는 자기 안에서 스스로 만들어내는 독자적이고 고유한 영역 안으로 들어가면서도 사람들에게 공통적이면서 깊이 숨겨져 있는 감정의 보편적 전달 가능성으로 나아간다. 공통감은 아리스토텔레스의 '영혼론'에서 처음 나온 용어로서 시각, 청각, 미각 등 서로 다른 감각을 하나로 합쳐주는 감각을 의미하였다. 칸트는 감각들 사이 통합을 의미하던 공통감을 인식능력들 사이 조화와 통합으로 그 개념을 확장했다.11)

저자는 청각적인 음악의 선율이 마음에서 시각적인 심상(心象)으로 떠오를 수 있는 것이 공통감의 증거라고 생각한다. 심상(心象)은

---

11) 김상환, 『왜 칸트인가』, 21세기북스 2022, 207쪽~208쪽

'마음속의 생동감'이라는, 지음(知音)은 '감정의 보편적 전달'이라는 공통감을 나타낸다. 미적 체험은 '자기 내면에 감추어져 있던 것을 발견하면서 특수에서 보편으로 나아가는 과정'일 것이다.

또한 베토벤의 월광소나타를 들으면서 일깨워졌던 심상은 미감적 이념이다. 영원, 창조, 사랑 등 말로 표현할 수 없는 이성적 이념이 음악을 통해 미감적 이념으로 생동감을 얻었다. 그 이성적 이념은 '달빛이 비치는 호수의 물결'이라는 자연의 아름다움을 통해서도 그 모습을 드러냈다. 칸트의 마음을 경탄과 외경으로 채우는 별이 빛나는 하늘이 마음속에 있는 '도덕법칙'이라는 이성적 이념을 일깨운 것처럼.

2. 감각의 논리

들뢰즈가 화가 프랜시스 베이컨(Fransis Bacon)의 작품에 관해 쓴 '감각의 논리'에서도 공통감, 미감적 이념과 관련된 부분이 있다.[12]

회화에서 구상화하기(삽화적이면서 서술적인 것)를 추월하는 두 방식이 있다. 하나는 추상적인 형태로 향하는 것이고, 다른 하나는 형상으로 향하는 것이다. 추상적 형태는 두뇌의 중개로 움직이기 때문에 뼈에 훨씬 가깝다. 형상은 감각에 결부되어 느낄 수 있는 형태이

---

12) 질 들뢰즈의 『감각의 논리』(하태환 역, 민음사 2008)는 총 17개 소제목으로 구분되어 있다. 이 중 6번째 '회화와 감각' 부분(47쪽~56쪽)을 저자의 시각에서 요약하였다.

다. 감각은 살의 시스템인 신경 시스템 위에 직접 작용한다.

감각이란 쉬운 것, 이미 된 것, 상투적인 것의 반대일 뿐만 아니라, 피상적으로 감각적인 것이나 자발적인 것과도 반대이다. 감각은 주체로 향한 면(신경시스템, 생명의 움직임, 본능, 기질 등)이 있고, 대상으로 향한 면(일, 장소, 사건)도 있다. 감각은 세상에 있음이다. 나는 감각 속에서 되고 동시에 무엇인가가 감각 속에서 일어난다. 동일한 신체가 감각을 주고 다시 그 감각을 받는다. 이 신체는 동시에 대상이고 주체이다.

감각이란 대상을 떠난 유희 속에 있는 것이 아니라, 신체 속에 있다. 화가는 감각을 그린다. 관객으로서 나는 그림 안에 들어감으로써만 감각을 느낀다. 그럼으로써 느끼는 자와 느껴지는 자의 통일성에 접근한다. 감각이란 이야기할 줄거리를 통해 우회하거나 번거로움을 거치지 않고 직접 전달하는 것이다.

베이컨에 의하면, 감각은 하나의 층에서 다른 층으로, 하나의 영역에서 다른 영역으로 이동하는 것이다. 그 때문에 감각은 변형의 주역이고 신체를 변형시키는 행위자이다. 구상적인 회화나 추상적인 회화는 두뇌를 통과하지, 신경 시스템 위에서 직접 작용하지는 않는다. 이것들은 감각적으로 작용하지도 형상을 도출해내지도 않는다. 왜냐하면 이 회화는 단 하나의 동일한 층에 머무르기 때문이다.

감각의 층들, 감각의 영역들은 과연 무엇을 의미할까? 여러 다른 층의 여러 다른 감각들이 있는 것이 아니라 하나의 유일하고 동일한 감각의 여러 다른 층들이 있다.

첫째, 감각의 층들은 움직임의 순간들이기 때문에 그 연속으로 보면 종합적으로 하나의 움직임을 재구성할 것이다. 움직임은 형상이 윤곽 안에서 자신을 맡기고 있는 아메바적인 탐사로 이루어진다. 동그라미나 평행육면체 등 형상을 격리하는 것을 떠나지 않고 요동치면서 자리를 옮긴다. 형상을 격리하는 것도 그 자체가 운동원이 된다. 형상이 일상의 '작은 순회'를 할 수 있으려면 윤곽 혹은 초석이 골격을 따라 이동할 수 있어야 한다.

둘째, 감각의 층리들은 다른 감각기관들로 돌아갈 수 있는 것이다. 하나의 색, 맛, 촉각, 냄새, 소리, 무게 사이에는 감각의 재현적이 아닌 '신경 흥분적인' 순간을 구성할 존재론적인 소통이 있을 것이다. 예를 들어 베이컨에게 있어서 투우를 그린 그림 속에서 사람들은 동물의 발굽 소리를 듣는다. 화가는 감각들의 원초적 통일성을 보여 주고 복수 감각을 가진 형상을 시각적으로 나타나게 해 주어야 한다.

하지만 이러한 작업은 한 영역에 속하는 감각이 모든 감각 영역에 걸쳐 있고 그들을 모두 다 통과하는 어떤 생생한 힘 위에서 직접 포착되었을 때만 가능하다. 이 힘은 시각이나 청각 등보다 훨씬 깊은 것으로서 리듬이라고 한다.

리듬은 그것을 청각적 층리에 투여하면 음악처럼, 시각적 층리에 투여하면 회화처럼 나타난다. 합리적이거나 두뇌적이 아닌, 세잔이 말했던 '감각의 논리'이다. 따라서 궁극적인 것은 바로 리듬과 감각 사이의 관계이고, 그 관계에 따라 각각의 감각 속에는 그 감각이 통과하는 층리들과 영역들이 만들어진다.

이 리듬이 어떤 음악을 주파하듯이 어떤 그림을 주파한다. 그것은 바로 수축팽창이다. 세상은 내 위에 닫히면서 나를 사로잡고, 나는 세상을 향해 열리고 또 세상을 열어젖힌다. 사람들은 세잔이 시각적 감각 속에 살아 있는 리듬을 놓았던 사람이라고 한다. 세잔의 세계는 풍경과 정물 등 세계이다. 베이컨의 세계는 인공의 세계이다. 아플라(베이컨 작품의 단일색 배경 등)가 형상 위에서 자신을 다시 가두고, 또 형상이 수축하거나 반대로 늘어나서 아플라에 합쳐지고 또 거기서 녹아 버린다.

3. 심상/지음과 감각의 논리

심상과 지음이라는 두 단어로 요약할 수 있는 저자의 미적 체험과 들뢰즈의 감각의 논리를 대응시켜 보자.

첫째, 둥근 그릇에 담겨 반짝이면서 출렁이는 붉은 액체로 된 상(象)이 심장 쪽에서 생겼다. 이것이 심상이다. 감각이란 대상을 떠난 유희 속에 있는 것이 아니라, 신체 속에 있다. 나는 감각 속에서 되고 동시에 무엇인가가 감각 속에서 일어난다.

둘째, 그 심상은 둥근 그릇에 담겨 반짝이면서 출렁이는 붉은 액체의 모습으로 시각화된다. 감각은 움직임의 순간들이다. 그 움직임은 동그라미나 평행육면체 등 형상을 격리하는 것을 떠나지 않고 요동친다.

셋째, 시각적인 심상은 베토벤의 월광소나타라는 음악으로도 나타난다. 리듬이 어떤 음악을 주파하듯이 어떤 그림을 주파한다. 시각적인 심상이 음악 등 다른 감각으로 나타날 수 있는 것은 어떤 생생한 힘 위에서 직접 포착되었을 때만 가능하다. 이 힘은 시각이나 청각보다 훨씬 깊은 것으로서 리듬이다. 이 리듬이 감각의 논리이다. '리듬'은 '마음속의 생동감'이고, '감각의 논리'는 '미감적 이념'이다.

예술 분야에서 AI에서 AGI로 가는 여정

1. 세 가지 논점

예술은 사람 고유의 창조 활동으로 여겨졌으나, 예술 분야에서
도 AI의 역할이 커지고 있다. 앞서 살핀 AI 전반 분야 논의와 마찬가
지로, 예술 분야에서 AI와 관련된 논의도 크게 3가지로 나눌 수 있
다. ① AI는 어떤 예술적 활동을 할 수 있는지, 사람의 예술 활동을
어느 정도까지 대체할 수 있는지, ② AI가 활용될 때 생길 수 있는
사회적, 윤리적 문제는 무엇인지, ③ AI라는 과학기술로 예술가의 영
감과 고유의 기법이 담긴 작품을 만들 수 있는지, AI가 선보인 작품
을 예술작품으로 볼 수 있는지로 나눌 수 있다.

2. 예술 분야에서 빠른 속도로 활동 범위를 넓혀가는 AI

(1) AI 예술의 발전단계

AI를 개발하는 스타트업인 오픈에이아이(OpenAI)가 2022년 1월에 '달리(DALL－E)2'를 선보였다. 구글 딥마인드 팀이 만든 AI 분류표에 따르면, 달리2는 그림이라는 특정된(narrow) 과업 달성에 쓰이고, 성능 면에서 3단계(Expert Narrow AI)로 전문가의 90% 능력을 발휘한다. AI 그림의 결과물을 보면, 그 완성도를 보고 깜짝 놀라지 않을 수 없다. 딥러닝과 생성형 AI 기술을 예술 분야에 응용한 대표적 사례들을 통해 AI 예술의 발달 과정을 살펴보기로 한다.

(2) 미술 분야

딥드림, CNN

구글이 만든 'AI 화가'로 불리는 '딥드림'(Deep Dream)의 작품은 2016년부터 '신경망의 예술'(The Art of Neural Networks)이라는 제목으로 판매되기 시작했다. 딥드림에 거리의 풍경, 인물 사진 등 특정 이미지를 입력하면 반 고흐, 피카소, 르누아르 등 유명 화가의 화풍이 적용된 이미지로 뒤바뀐다.

딥드림은 신경망(Neural Networks)의 은닉층에서 어떤 일이 발생하고 있는지 궁금했던 사람들에 의해 만들어졌다. 비정형 데이터인 시각 이미지는 픽셀 단위로 신경망의 입력층으로 입력된다. 문제는 기계학습으로 처리하기에는 그 데이터의 특성과 변수가 지나치게 많다는 것이다. CNN(Convolutional Neural Networks, 합성곱 신경망)은 이미지의 대표적인 특징값만을 추출하여 처리한다. 합성곱, 풀링 등의 기법으로 은닉층에서 픽셀의 중요한 특정 정보만을 선별하여 처리함으로써 특성과 변수의 숫자가 현저히 줄어드는 이점이 있다. 은닉층이 깊어질수록 이미지의 중요한 특징들만 남게 되고 사소한 내용들은 사라진다. 이러한 CNN의 기술을 그림 제작에 활용한 프로그램이 NAAS(Neural Algorithm of Artistic Style, '예술적 스타일의 신경 알고리즘')이다. NAAS는 스타일과 내용 행을 분리하여 각 행에서 스타일의 특징, 내용의 특징을 추출한 후, 이 둘을 다시 결합하여 이미지를 만든다. 딥드림에 거리의 풍경 등 특정 이미지를 입력하면 유명 화가의 화풍이 적용된 이미지로 거듭나게 된다.[13]

'에드몽 드 벨라미' 초상화, GAN

2018년 10월에 크리스티 미국 뉴욕 경매에서 초상화 '에드몽 드 벨라미'(Portrait of Edmond de Belamy)가 43만여 달러(한화 약 4억 7천만 원)에 낙찰되었다. 크리스티 경매의 첫 'AI 작품'으로 출품돼 소장 미술품이 된 것이다. 이 초상화는 프랑스의 AI 예술팀인 '오비어스'(Obvious)의 기획으로 GAN(Generative Adversarial Networks, 생성

---

13) 김전희, 김진엽, 「인공지능 시대의 예술 창작: 들뢰즈의 예술론을 중심으로」, 『예술과 미디어』 19권 2호 2020, 96쪽

적 적대 신경망)을 사용해 그려졌다. 캔버스에 인쇄된 작품은 14~20세기에 걸친 1만 5,000여 작품 이미지를 기반으로 태어났다. 에드몽 드 벨라미는 가상의 인물이고, 초상화 아래에 "$\min \max Ex$ $[\log(D(x))] + Ez[\log(1 - D(G(z)))]$"라는 서명이 보인다. 이 식은 GAN 알고리즘의 수식이다.14)

GAN은 앞서 설명한 바와 같이 생성기(generator)와 판별기(discriminator)로 이루어져 있다. 생성기는 진짜와 닮은 데이터를 만들어 판별기로 보낸다. 판별기는 이 데이터를 받아서 생성기가 만든 가짜 데이터인지, 기존에 있던 진짜 데이터인지를 판정한다. 학습 과정을 반복하면 생성기는 진짜 데이터와 구분되지 않는 가짜 데이터를 만들 수 있게 되어, 판별기는 더 이상 진짜 데이터와 가짜 데이터를 나눌 수 없게 된다. 생성기와 판별기의 경쟁이 반복되는 과정에서, 생성기가 진짜 데이터의 확률분포(distribution)를 알아내기 때문이다. 그 확률분포를 따르도록 데이터를 임의로 생성하면 진짜와 닮은 새로운 데이터를 만들 수 있다.

GAN이 AI의 그림 생산에 본격적으로 적용된 것이 'CAN' (Creative Adversarial Neural Networks, 창의적 적대 신경망)이다. 여기서 '창의성'(Creative)이 있다는 것은, 사람의 예술작품을 학습하여 이미 존재하는 사람의 예술작품이 아닌 새로운 예술작품을 만들어낸다는 것을 의미한다. 판별기는 자신에게 들어온 그림이 생성기가 만든 그림

---

14) 도재기, 「인공지능이 그린 그림, 예술인가 기술인가?」, 경향신문 2020. 5. 22.

인지 아니면 사람이 그린 기존의 그림인지 분류한다. 그와 동시에 그림이 기존의 예술 스타일 중 어떤 것에 속하는지도 분류한다. 이 예술 스타일은 15~20세기의 예술가 1,119명의 작품 81,449장을 인상주의, 표현주의 등 25개의 스타일로 분류하였다. 반대로 생성기는 판별기를 속이기 위해 기존의 예술작품과 구분되지 않을 수준의 그림을 그려낸다. 그 결과 기존의 예술작품과 비슷하게 보이면서도, 생성기가 임의로 그려낸 새로운 그림이 만들어진다.15)

'스페이스 오페라 극장', 미드저니

2022년 8월에 콜로라도주에서 개최한 작은 아트 콘테스트의 디지털 아트 부문에서 제이슨 앨런이 출품한 '스페이스 오페라 극장'(Théâtre D'opéra Spatial)이 1등을 차지했다. 출품 때 '미드저니'(Midjourney)를 썼다고 명시했지만, 심사위원들은 이 프로그램이 AI인 줄 모르고 이미지를 다듬는 포토샵 프로그램 정도로만 여겼다. 뒤에 AI로 그린 것이 알려지자, 속임수를 썼기 때문에 수상을 취소해야 한다는 요구가 있었지만, 앨런은 AI 예술의 위력을 보이려고 출품했고, 사과할 생각이 없다고 했다.16)

미드저니(Midjourney), 달리(DALL–E) 등은 텍스트를 이미지로 바꿔주는 AI 프로그램이다. 미드저니를 활용해 "소나무 숲을 세잔 스타일의 수채화로 그려라."라는 텍스트(프롬프트)를 입력하면, '소나무'라

---

15) 김전희, 「인공지능 그림의 예술성」, 『미학예술학연구』 제63집 2021, 174쪽
16) 홍성욱, 「AI와 예술」, 조선일보 2023. 10. 24.

는 '내용'이 들어가고, '세잔 수채화'와 같은 '스타일'의 멋진 그림을 만들어낸다. 사용자는 이 중 특정 이미지를 선택해 색상, 형태 등을 바꿀 수 있고, 배경과 스타일 등도 변경할 수 있다. 앨런은 인터뷰에서 "스페이스 오페라 극장을 만들 때, 최소 624개의 프롬프트를 비교하면서 이미지를 만들었다. 좋은 이미지를 얻어낸 뒤에 포토샵으로 고치고, 기가픽셀(Gigapixel) AI를 써서 해상도를 높였고, 여기에 총 80시간이 필요하였다."[17]라고 밝혔다.

달리(DALL-E)2

'달리(DALL-E)2'는 텍스트로 지시어를 입력하는 것만으로 고품질 이미지를 생성해 준다. 예를 들어 '타임스퀘어에서 스케이트보드를 타고 있는 힙합 스타일의 테디베어'라는 텍스트를 입력하면, '의미'와 '스타일'을 모두 포착하는 이미지를 생성해 낸다. 생성된 이미지의 의미와 스타일을 모두 유지하면서 세부적인 내용을 변경할 수도 있다. 두 가지 서로 다른 이미지를 합체해서 여러 가지 모양의 합성물을 만들어 낼 수도 있다. 만약 그림 속에 그려진 '스케이트보드'가 마음에 들지 않을 때, '자전거'를 입력하기만 하면 이미지가 곧바로 수정된다.

달리2가 이처럼 다양한 그림을 그릴 수 있는 이유는 '클립'(CLIP, Contrastive Language Image Pretraining)을 사용했기 때문이다. CLIP은 웹

---

17) 홍성욱, 「AI와 예술」

기반 이미지 — 텍스트 쌍(Web — based Image — Text Pair)을 활용하여 모델을 '비지도학습'의 방식으로 학습한다. 이미지 — 텍스트 쌍(image — text pair)은 인터넷으로부터 레이블링(labeling)이 필요 없는 방식으로 수집되기 때문에 쉽게 매우 많은 양을 얻을 수 있다.

로봇 예술가

디지털 이미지를 만들어내는 소프트웨어가 아닌, 연필과 붓을 들고 직접 그림을 그리는 로봇 예술가도 있다. 영국에서 2019년 만든 휴머노이드(인간형 로봇) 예술가 '에이다'(Ai — Da)는 초기에는 간단한 스케치를 해내는 정도로 시작해 현재는 다양한 색으로 완성도 높은 그림을 그릴 수 있는 수준에 이르렀다. 눈에 장착된 카메라를 통해 이미지를 받아들이고 AI로 분석한 뒤 자신만의 방식으로 그림을 그린다. AI 로봇 에이다는 영국 옥스퍼드에서 '불완전한 미래'(Unsecured Futures)라는 제목으로 개인 전시회를 가졌다. 또한 에이다는 2022년 10월에 영국 상원 통신·디지털위원회 청문회에 출석해, "나는 생명체가 아니지만, 예술을 창작할 수 있다. 예술가들이 기술을 이용해 자신을 표현하고 기술, 사회, 문화 사이의 관계를 성찰하고 탐구하는 새로운 방법을 찾아내고 있다."라고 말했다.[18]

---

18) LG이노텍, 「AI가 그림, 음악, 문학 작품을 만드는 시대가 온다? AI 예술의 세계」, LG이노텍newsroom, 2022. 6. 20. 소종섭, 김윤진, 「세계 최초의 '인공지능' 로봇예술가 에이다」, 아시아경제 2022. 10. 13.

(3) 음악, 문학, 디자인 등 분야

국내 AI 작곡가 '이봄'(EvoM)은 클래식, 힙합, 트로트 등 다양한 종류의 음악을 작곡한다. 음악 구조와 코드 진행을 설계하고, 음표를 랜덤하게 배치한 뒤, 음악 이론과 기존 곡들과의 유사성을 판단하여 적절한 멜로디를 산출해내는 방식으로 곡을 만든다고 한다. 특정 이미지를 통해 곡의 분위기를 설정하는 것도 가능하다. 이렇게 작곡하는 데 걸리는 시간은 10~15초에 불과하다.[19]

2022년 8월에 서울 대학로 예술극장에서는 AI가 쓴 시를 엮어 만든 시극 '파포스'가 무대에 올랐다. 작가는 카카오브레인이 만든 AI 시인 '시아'이다. 시아는 국내 근현대시 1만 2,000여 편을 읽으며 작법을 배웠다. 주제어와 명령어를 입력하면 1초 만에 시 한 편을 짓는다고 한다.[20]

메타버스 캐릭터 '틸다'(Tilda)는 디자인 패턴을 만드는 아트 큐레이터이기도 하다. 틸다가 박윤희 디자이너의 의견을 반영하여 패턴을 그려내면 박윤희 디자이너가 이를 입체화하는 방식으로 작업이 진행되었다. 틸다는 박윤희 디자이너와 함께 '금성에서 핀 꽃'을 키워드로 의상을 제작해 2022년에 뉴욕 패션위크 무대에 선보였다.[21]

---

19) LG이노텍, 「AI가 그림, 음악, 문학 작품을 만드는 시대가 온다? AI 예술의 세계」
20) 김경미, 「인공지능 넘어 인공감정…예술가 AI에 꽂힌 빅테크」, 중앙일보 2022. 9. 7
21) LG이노텍, 「AI가 그림, 음악, 문학 작품을 만드는 시대가 온다? AI 예술의 세계」

3. 예술 분야의 AI 활용과 사회적, 윤리적 문제

(1) AI의 발전단계별 사회적, 윤리적 문제

구글 딥마인드 팀은 AI의 자율성을 0~5의 6단계로 나누고 단계별로 사용 가능한 AI의 능력 레벨과 위험을 적용하는 방식으로, 인공지능이 실제 배치될 때 문제 될 수 있는 상황별 위험성과 자율성의 허용 범위 등 사회적, 윤리적 문제를 다룬다. 예를 들어 달리2는 자율성 2단계(AI as a Consultant) 또는 3단계(AI as a Collaborator) 정도에 위치한다. 달리2는 조언자(Consultant) 또는 협력자(Collaborator)로서 자율성을 부여받는다. 이 단계에서는 과도한 신뢰, 표적화된 조작 등의 위험성이 발생한다. '스페이스 오페라 극장'은 제이슨 앨런이 미드저니를 협력자(Collaborator)로 활용한 사례로 볼 수 있다. 그에 동반하여 저작권법위반, 이미지 조작, 일자리 등의 문제가 현실화하고 있다.

(2) 저작권 문제

2023년 9월 미국의 저작권청은 인간의 작업에만 저작권을 인가할 수 있다는 이유로, '스페이스 오페라 극장'에 신청된 저작권을 불허했다. 이에 앨런은 사진에는 저작권을 인정하면서 80시간의 노동이 투여된 자신의 작업에는 저작권을 불허하는 것이 공정하지 못하

다고 항의하며, 재심을 요청할 것임을 밝혔다.[22]

AI가 만든 작품은 기존의 예술작품들을 짜깁기해 만들어진 표절의 결과물에 불과하다는 주장과 기술을 활용해 창작성을 더한 작품이라는 주장이 충돌하고 있다. AI는 기존 예술작품 등을 토대로 학습하여 작품을 만들기 때문에 유사성 문제에서 벗어나기가 쉽지 않다. AI로 기존 작품을 그대로 모방하지 않고, 사람과의 협업을 통해 창작성이 가미되더라도, 유사성이 발견되었을 때 예술창작물로 인정될지 문제 될 수 있다.

(3) 일자리 문제

AI를 적극적으로 도입하면 예술계의 일자리가 축소될 것이라는 우려도 제기된다. 비용과 시간이 적게 든다는 이유로, 제작비를 낮추기 위해 간단한 작업물은 AI에게 전담시킬 것이기 때문이다. 예를 들어 유튜브, 게임, SNS 콘텐츠 등의 배경음악은 AI 음악을 사용해도 거부감이 크지 않다. 그래서 배경음악 작곡가들의 일자리 감소가 현실화하고 있다.[23]

AI가 발전하면서 예술에 대한 접근성도 높아졌다. 1인 창작자나 자금력이 없는 개발자들에게는 오히려 기회가 될 수 있다. 창작 비용과 시간이 절감되기 때문이다. 그림 실력이 다소 부족할지라도 AI를

---

22) 홍성욱, 「AI와 예술」
23) LG이노텍, 「AI가 그림, 음악, 문학 작품을 만드는 시대가 온다? AI 예술의 세계」

활용해 창의력을 발휘하고, 좋은 일자리도 얻을 수 있다. 기계적인 과정은 AI가 처리하도록 맡겨놓고 사람은 더 높은 창조성의 영역에 매진할 수도 있다.[24]

4. 예술은 사람 고유의 창작 활동인지

(1) 빠른 변화에 혼란스러운 예술계

예술가는 오랜 수련을 통해 예술적 기예를 발전시켜 자신만의 스타일을 찾아내고, 영혼을 불어넣어 작품을 탄생시킨다. AI도 이런 예술적 영감이 담긴 작품을 만들 수 있을지에 대해서는 해답을 찾기 어렵고, 현실적인 해결책을 제시하지 못하는 추상적 논의에 그칠 수도 있다. 구글 딥마인드 팀이 지적하였듯이 이 문제는 AGI로 가는 과정의 문제가 아니라 하나의 종점에 관한 문제이기 때문이다. 그리고 예술적 영감이 담겨 있지 않더라도 사람들에게 심미적 감성을 전달하는 예술작품도 많다. 어디까지가 예술작품인지, 심미적 체험인지조차도 명확하지 않다. AI 예술에 대한 새로운 이해의 체계를 만들어가는 데는 이러한 문제들이 앞에 놓여 있다.

이와 관련하여, 2023년 4월에 수도권 소재 예술대학교의 예술·디자인학과 신입생과 재학생들을 대상으로 실시된, '예술대학에서의

---

24) 윤여선, 「AI가 예술가를 대체? 예술가의 도구 될 수도」, 주간경향 1519호 2023. 3. 20.

AI 그림에 대한 재학생 의식 조사'가 흥미롭다.25)

첫째, AI 그림의 예술적 가치에 관한 질문에는 22.6%가 예술적 가치가 있다는 긍정적인 답변을 했다. 그 이유로는 '모방도 하나의 창작물이 될 수 있다', '예술이라는 것 자체가 사람에게 무언가를 주기 위한 것이기에 예술의 주체가 인간이든 AI든 상관없다'는 의견이 있었다. 반면 AI 그림은 누군가의 그림들을 짜깁기한 학습의 결과물이라 예술적 가치가 없다는 의견도 있었다. 35.5%가 아직은 중립적으로 보고 싶다는 의견이었다.

둘째, AI 그림에 창작성을 부여할 수 있느냐는 질문에는 48.4%가 아니라고 답변했다. 그 이유로는 'AI 그림은 영감에서 나오는 것이 아니라 패턴으로부터 나오는 기술이기 때문에 창작성보다는 알고리즘의 문제다'는 답변도 있었다. '사람의 예술품도 무언가를 관찰하고 모방한 것의 산물이고 AI의 딥러닝을 통한 창작도 크게 다르지 않으므로 창작성을 인정해야 한다'는 의견도 있었다.

요약하면 AI 작품에 대해 예술적 가치로서의 창작물로는 인정은 하나, 창작성을 부여할 수는 없다는 의견이 많았다. AI 그림을 활용하여 과제나 작품을 만드는 것에 대해서는 51.6%가 문제가 있다고 답했다.

---

25) 천상현, 「챗GPT · AI 시대의 예술작품, 창작물로 인정받을 수 있을까」, 한국대학신문, 2023. 4. 26.

(2) AI 작품의 예술적 가치

어디까지가 예술작품인지, 심미적 체험인지는 명확하지 않다. 예술에 관한 정의와 관점은 고정불변이 아니다. 1917년에 마르셀 뒤샹이 소변기('샘')를 미술관에 가져와 전시했다. 이 소변기는 현대 예술의 정의를 바꿔버린 작품 중 하나로 평가받는다. 마르셀 뒤샹이 소변기를 만들지는 않았지만, 미술관에서 전시함으로써 심미적 체험을 불러일으키는 예술작품이 될 수도 있다.

19세기 사진이 처음 등장했을 때 대체로 예술로 인정받지 못했지만, 회화와 병존하며 아날로그 시대 때부터 예술의 한 장르로 자리 잡았다. 붓과 물감을 가지고 대상을 그대로 묘사하는 그림을 사진이 대체하면서, 인상파, 점묘파, 입체파 등 새로운 사조가 연이어 등장하게 되었다.

사진은 오늘날 디지털 예술로 거듭나고 있다. 포토샵을 사용하여 사진이나 그림을 편집하거나, 다양한 그리기 앱을 활용하여 작품을 창작하는 것은 예술의 영역으로 허용되고 있다. 저작권 문제와는 별개로, 예술가가 창작 도구로서 AI를 활용하여 심미적 감성을 담아 만든 작품의 예술적 가치를 부정할 수는 없을 것이다.

(3) AI 작품의 창작성, AGI의 종점

예술가는 한순간 스쳐 가는 영감을 포착하여 자신만의 스타일 속에 녹여 작품에 생명력을 불어넣는다. 데이터와 수학적 계산에 기초한 AI의 작품과 이 점에서 질적인 차이가 난다. AI가 AGI로 발전하여 도달할 수 있는 예술 분야의 종점이 이 지점이다. 이 문제에 대해서는 해답을 찾기 어려울 수도 있겠지만, AGI로 가는 과정에서 부딪힐 수밖에 없는 문제이다.

이에 대해 홍경한 미술평론가는 AI로 만든 작품과 사람의 창작물은 본질적으로 다르다고 한다. "사람에 의한 창작은 일반적으로 학습된 것 외에도 상상력이나 영감, 감정을 원천으로 하는 복잡한 구조를 갖는다. 여기엔 학습 능력을 포함해 인지능력, 사고능력 등이 모두 결합된다. 반대로 AI는 인간 지능을 시뮬레이션하거나 모방하는 알고리즘, 모델이나 시스템에 의존한다. 그것은 상상할 수 없고, 감정과 의식, 자기인식보다는 데이터, 패턴 및 컴퓨팅 접근 방식에 의해 완성된다. 아이디어와 개념 도출, 자아, 직관, 주체적 의사결정, 미학적 고려 등은 AI가 할 수 있는 영역이 아니다. AI는 논리 및 알고리즘 프로세스에 의탁하고 그 시스템은 통계적 추론에 불과하다."26)

또한 홍경한 미술평론가는 AGI의 종점은 사람의 예술적 영감이나 창작성과는 다를 것이라고 예상한다. "생성형 AI는 점차 원본조차 없는 이미지, 진짜와의 관계조차 상관없는 독자적인 실체를 획득하는 시뮬라르크(가상)로 진화할 거로 생각한다. 거기에 원본도, 사실성도 없는 실제, 하이퍼리얼이 만들어질 것으로 예상된다."27)

---

26) 이현경, 「AI미술, 예술적 가치 없어…창의성과 생성성은 달라」, 뉴스핌 2023. 5. 24.
27) 이현경, 「AI미술, 예술적 가치 없어…창의성과 생성성은 달라」

⑷ 사람과 AI의 협력, AGI로 가는 과정

'스페이스 오디세이'와 같이 예술가가 작품에 관한 아이디어를 구상하고, AI를 이용하여 그 구상에 맞는 이미지를 선택·추출한 후, 편집·보완하여 작품을 선보였다면 창의적인 작업으로 봐야 한다는 주장도 있다. 이 주장은 AGI로 가는 과정에 관한 것이다. AI가 독자적이고 주체적인 'AI 예술가'가 될지 단언하기 어렵지만, 사람의 기법, 창의성을 돕는 협력자로서 역할을 맡으며, 새로운 예술 장르를 개척하는 과정에 있다. 작품을 구상하고 어떤 메시지를 담을지 결정하고, 설계도를 그리는 것은 예술가의 몫이다. AI의 조력 또는 협력을 받는 과정에서 작업이 한층 수월해질 수 있고, 새로운 영감을 얻을 수도 있다. 사람들이 이렇게 창작되는 작품을 어떻게 받아들일지, 예술계는 어떻게 바뀔지, 저작권 오남용, 일자리 등 사회적, 윤리적 문제에 어떻게 대처할지 등의 이슈가 AGI로 가는 과정에서 뒤따른다.

04

칸트의 심미론으로 풀어보는
AI의 예술적 가능성과 한계

1. 감정 없는 AI가 감성적 판단을 할 수 있는지

'이 꽃은 빨갛다'고 하면 인식판단이다. 인식판단은 인식 대상인 객체들의 공통점을 찾아 객관화 또는 일반화한 것이다. '이 꽃의 향기가 좋다'고 하는 감관판단과 '이 꽃은 아름답다'고 하는 미적 판단은 감성적 판단이다. 감성적 판단은 판단 주체의 감정에만 관계되므로 객관적이지 않고, 주관적일 수밖에 없다. 그중 미적 판단은 주관적이지만 일반화될 수 있다. 미적 판단에서 보편화되는 것은 '나'라는 주체들의 마음속에 숨어 있으면서, 자연이나 예술작품 속에 투사된 즐거움의 감정이다.

AI, 즉 컴퓨터 프로그램의 방식으로 '이것은 꽃이다' 또는 '이 꽃은 빨갛다'는 객체의 상태에 근거한 객관적 인식판단을 구현할 수 있다. AI 그 자체는 컴퓨터 프로그래밍에 불과하고 생명이 없으므로 감정을 품을 수 없고 느낄 수도 없다. 그래서 AI가 스스로 꽃의 향기나 아름다움을 느끼고 그 감정을 표현할 수는 없다. 대신에 AI가 감정적 표현들을 식별하도록 프로그래밍하는 것은 얼마든지 가능하다. 감정은 사람의 마음 밖으로 나와서 언어, 음악, 미술 등 어떠한 방식으로든 표현되고 다른 사람에게 전달되어 공감을 얻기 때문이다. 다만 그것은 표면적으로는 감성적 판단으로 보이지만, 인식판단이라고 봐야 한다.

2023년 5월에 나온 연구 결과에 의하면, 대화형 AI인 ChatGPT가 사람보다 '감정 인식' 능력이 뛰어나다는 결과가 나왔다. 감정 인식이란 자신이나 타인의 감정을 식별해 그에 맞는 표현을 하는 능력이다. "조하르 엘리요셉(Zohar Elyoseph) 이스라엘 맥스스턴 에즈릴밸리대 박사 연구팀은 LEAS(감정 인식수준 척도) 테스트에 주목했다. 이 테스트는 감정의 경험 수준을 평가하는 5가지 척도로, 감정을 폭넓게 경험하고 자각할수록 5점 만점에 가까운 점수를 받는다. 연구팀은 20가지 시나리오에 대한 ChatGPT 반응을 분석했다. 이어 ChatGPT와 일반적인 사람의 감정 인식수준을 비교했다. 연구 결과, ChatGPT는 모든 척도에서 일반인보다 뛰어난 감정 인식능력을 나타냈다. 연구팀은 ChatGPT가 상황에 맞는 감정적 반응을 만들 수 있을 뿐만 아니라 시간이 지남에 따라 감정 인식 성능이 크게 향상된다는 사실을 보여준다고 밝혔다."[28]

AI에 의해 미적 감수성을 전달할 수 있는 이미지가 만들어질 수

---

28) 김인한, 「챗GPT가 사람보다 낫다…타인 감정이해, 인간보다 '우월'」, 머니투데이, 2023. 5. 22.

있으나 AI가 그 감각을 느끼고 알아채서 표현하는 것은 아니다. 단지 표현된 것의 겉모습만 흉내 낸 것에 불과하다. 표면적으로 미적 판단으로 보이지만, 인식판단이기 때문이다.

2. AI가 형식적 합목적성을 포착할 수 있는지

(1) 형식적 합목적성을 담아내는 예술창작

감관취미는 어떤 색상, 음색, 향기 등이 주는 감각적인 즐거움을 찾는 경험적이고 질료적인 미감 판단이다. 반면에 반성취미는 직관의 대상한테서 오는 질료적인 감각이 아니라, 그 대상의 형식이 즐거움을 일으키는 근거가 되는 미감 판단이다. 즉 자연이나 작품 속에 감추어져 있는 어떤 형식적인 조화 또는 합목적적인 질서의 존재가 포착될 때 아름다움을 느끼게 된다.

감각적인 쾌감을 주는지에 대해서는 각자 고유한 취향을 가지는 것으로 여겨지지 보편성을 기대하지 않는다. 반면에 질료적인 쾌감이나 이해타산에서 관심이 없어질 때, 다시 말해 그로부터 자유로워질 때 모습을 드러내는 형식적 합목적성에 도달하면 다른 사람들과의 공감을 기대할 수 있다.

상상력은 개념의 개입 없이 형식적 합목적성을 만들거나 찾아내는 일을 맡지만, 의도하지 않더라도 지성과 비교하지 않을 수 없다. 그 과정에서 상상력은 지성을 일깨우고, 지성은 상상력을 자유롭게 함으로써 상상력이 지성과 일치하게 된다. 그 효과로 즐거움이 불러일으켜지고, 질료적인 감각의 경험 한계를 넘어 보편성을 얻을 수 있는 합목적성이 포착될 수 있다.

예술가는 기예를 연마하여 감각을 그려낸다. 쾌적한 기예는 일차적 감각, 즉 향락을 목적으로 하는 기예로서 감관취미에 속한다. 미적 기예는 이차적 감각, 즉 공통감을 목적으로 하는 기예로서 반성취미에 속한다. 아름다움은 감각을 통해 개별적으로 보일 수밖에 없다. 또 그 아름다움은 예술가의 기예에 담겨 표현된다. 예술작품 속에 개개의 질료적인 경험을 보편화 또는 일반화할 수 있는 형식이 숨어 있다면, 이 형식을 찾아낸 사람들은 그 속에 담긴 즐거움을 공감할 수 있다.

일체의 관심을 비움에서 우러나오는 형식적 합목적성이 없이, 감각적인 즐거움이나 타산적인 관심으로 채워진 예술작품들도 많다. 가공 없이 전달되는 일차적인 감각이나 개념적인 타산성은 경험적이고 질료적이라서 바깥으로 표현되지만, 형식적 합목적성은 비어 있고 안으로 숨어 있다. 예술가가 겉으로 드러나지 않는 형식적 합목적성을 예술적 기예로 담아낼 수 있으려면 타고난 재능과 전문적인 수련의 과정이 필요하다.

(2) 기계학습으로 형식적 합목적성을 만들 수 있을지

사변 영역에서는 상상력이 감성으로 받아들여진 다양한 내용물들을 모아 추상적 개념에 대응하는 도식을 만들어낸다. 컴퓨터에서는 디지털화된 데이터를 가지고 바로 기계적 계산을 하므로, 상상력과 같은 매개물이 없다. 하지만 상상력이 만들어낸 도식은 개념의 규정적 지시에 따라 만들어지기 때문에, 기계학습으로 그 도식과 유사한 소프트웨어를 찾아낼 수도 있다. 미적 영역에서 상상력은 개념의 지시에 따라 도식을 산출하지 않고 다른 방식으로 일을 한다. 상상력은 형식적 합목적성을 만들거나 찾아낸다. 그러면 기계학습의 방법으로 이 형식적 합목적성을 만들어낼 수 있을까?

NAAS(Neural Algorithm of Artistic Style, '예술적 스타일의 신경 알고리즘')는 스타일과 내용 행을 분리하여 각 행에서 스타일의 특징, 내용의 특징을 추출한 후, 이 둘을 다시 결합하여 이미지를 만든다. 거리의 풍경 등 특정 이미지를 입력하면 유명 화가의 화풍이 적용된 이미지로 거듭나게 된다. 'CAN'(Creative Adversarial Neural Networks, 창의적 적대 신경망)은 기존의 예술작품과 비슷하게 보이면서도, 기존에는 없는 새로운 예술작품을 만들어낸다. 달리2는 인터넷에 있는 이미지와 텍스트의 쌍들을 학습하여, 특정 문장을 입력하면, 그 문장의 의미와 스타일을 모두 포착하는 이미지를 생성할 수 있다.

감각적 즐거움을 주는 일반적인 패턴, 보기 좋고 정교한 무늬, 아름답고 표준적인 사람의 얼굴과 웅장하고 숭고한 느낌을 주는 건축물, 유명 화가의 예술적 기예로서의 화풍 등은 겉으로 드러난다. 형식적 합목적성이 담기지 않은 예술작품들도 많다. 이러한 작품들은 겉으로 드러나는 것 외 속에 숨겨진 깊이와 통일성이 없다. 표면적인 감각적 즐거움이나 개념적 타산성은 딥러닝과 생성형 AI로 그 패턴을 학습하여 재현하거나 복제할 수 있을 것이다.

형식적 합목적성은 겉으로 그 정체를 드러내지 않고 말로 표현할 수도 없으며 복제할 수 없는 원본성을 지닌다. 형식적 합목적성을 딥러닝으로 학습할 수 있을지는 미지수다. AI에 의해 우연히 형식적 합목적성이 담긴 형상이나 선율이 만들어질 수는 있다. 그렇지만 AI가 학습으로 알아차리고 만들에 내는 것은 아닐 것이다. 예술가가 AI를 작품 창작에 활용할 수 있지만, 예술적 감수성을 포착하고 표현하는 것은 예술가의 몫이다.

3. 도식과 심상

(1) 도식과 심상의 차이점

감성에 의해 받아들여진 현상들은 상상력에 의해 쪼개지거나 합쳐져 시간이라는 마음속에 있는 분류 장치에 따라 정리되고, 지성의 체계적 통일작용에 의해 개념으로 만들어진다. 이때 현상에서 개념으로 바로 건너갈 수는 없어 그사이를 도식이 이어준다. 도식은 상상력이 그리지만 그 배후에는 지성의 통일작용이 있다.

도식과 마찬가지로 심상(心象)도 상상력이 그리지만, 심상을 그리는 배후에는 마음속의 생동감이 있다. 현상들은 지성에 의한 통합과는 다른 방식으로 통합된다. 현상을 포착하는 시각, 청각 등의 개별적인 감각들은 이 생동감에 의해 공통감으로 통합된다. 마음속의

생동감은 정신 또는 영혼에 힘을 불어넣어 공통감의 리듬으로, 현상
세계의 한계를 초월하는 통합으로 나간다.

자기의식과 자유의지를 가지고 살아가는 사람의 실존과 영혼은
경험적 현상만으로 설명될 수 없다. 영원, 창조 등 이성의 이념은 자
연 속에 대응하는 대상을 가지지 않는다. 사랑, 죽음 등 이성의 이념
은 단순한 자연현상을 정신적 사건으로 만든다. 이러한 이성의 이념
들은 경험을 넘어선다. 이성의 이념은 표현 불가능한 어떤 것을 내포
하고, 그에 적합한 어떤 직관도 가지지 않는 개념이다. 우리는 일상
적인 삶 속에서 자기 내면에서 원천을 숨기고 있던 이러한 이성적
이념의 모습과 마주치기도 한다.

또한 우리는 심미적 체험 속에서 자기 내면에서 원천을 숨기고
있던 미감적 이념을 발견한다. 미감적 이념은 이성적 이념이 내포하
며 표현할 수 없었던 것을 드러내기도 한다. 마음의 능력들이 자유롭
게 유희하고 스스로 증강해가며 영혼에 생기를 줄 때 미감적 이념이
나타날 수 있다. 예술가는 빠르게 지나가는 이 마음의 유희를 음악,
회화, 언어 등의 표현으로 포착한다. 미감적 이념에 의해 일으켜진
마음의 정조가 이 표현을 통해 다른 사람들에게 전달된다. 모든 감각
영역에 걸쳐 있고 그들을 모두 다 통과하는 어떤 생생한 힘 위에서
감각들의 원초적 통일성을 보게 된다. 이 힘은 시각이나 청각보다 훨
씬 깊은 것으로서 마음에 생기를 주는 리듬이다. 리듬은 그것을 청각
적 층리에 투여하면 음악으로, 시각적 층리에 투여하면 회화로 나타
난다.

지성의 지시에 따라 상상력이 그리는 도식은 무미건조하다. 상상력과 지성이 자유롭게 즐기며 그리는 것은 리듬이다. 그 리듬은 형식적 합목적성이라는 비어 있는 일체감을 표현한다. 또한 그 리듬은 공통감이라는 살아 움직이는 심상을 표현한다.

(2) 프로그래밍과 도식, 심상

형상과 개념을 합치시키는 형상들의 공통적 척도인 도식은 상상력과 판단력에 의해 그려지기 때문에 그것을 규칙 기반 프로그래밍으로 구현하기 쉽지 않았다. 사람들은 논리 정연하게 명확히 설명하지 못하더라도 상상력과 판단력의 힘으로, 즉 도식 기반 판단으로 일상적인 일들이나 복잡하게 얽힌 문제들을 잘 해결하면서 살아간다. 이러한 도식을 끌어내는 상상력의 마음속 깊이 숨겨진 기술과 판단력의 타고난 재능 뒤에서는 지성의 체계적 통일작용이 숨어 있다.

컴퓨터 프로그래밍은 지성의 논리성, 규칙성을 정보처리로 정량화할 수 있는 길을 열었다. 그에 나아가 기계학습은 도식의 배후에 숨어 있는 지성의 규칙성을 포착할 줄 안다. 그래서 기계학습이 도식을 포착하는 것은 사람의 인식을 단순히 흉내 내는 것이 아니다.

반면 심상의 배후에는 지성과는 다른 마음 능력들의 통일작용, 즉 공통감이 있다. 미적 판단은 개념적 척도로 증명될 수 없다. AI가 단순히 겉으로 드러나는 것들을 흉내 내는 것을 넘어 마음속의 공통감이 만들어내는 심상을 포착할 수 있을지는 AGI의 종착점에 관한 문제다.

1. 칸트의 인식시스템과 튜링기계 사이 닮음

칸트의 인식시스템에 따르면, 사람이 오감으로 지각하거나 기억 속에서 끄집어내는 표상(데이터)들은 시간이라는 직관의 형식에 맞추어져 정리되고, 범주라는 생각의 형식에 맞추어져 논리적, 체계적으로 통합된다. 한편 튜링기계에서 기호들은 네모칸으로 구획된 테이프 위에 기록되고 지워지면서 정리되고, 규칙표에 따라 기계적으로 처리된다.

사람이 직관한 다양한 내용물은 어떤 단어, 문장, 문장들의 조합 등의 정보로 표상될 수 있는데, 이 정보들은 튜링기계의 기호들로 나타낼 수도 있다. 또한 튜링기계의 규칙표는 논리식이나 수식에 맞게 작성되는 알고리즘인데, 칸트의 범주도 '모든, 어떤, 그리고, 또는, 만약 ~ 이면' 등의 논리 판단 형식을 바탕으로 한다. 이렇게 비교해 보면, 칸트의 인식시스템과 튜링의 기계적 계산은 매우 닮았다.

특히 직관의 표상 각각이 튜링기계의 기호처럼 1개의 자연수로 취급될 수 있으면('괴델 수 대응') 사람의 인식도 정형화된 계산에 따르게 되므로, 사람의 생각과 기계적 계산은 별반 다르지 않다. 이처럼 튜링기계는 정보의 산출, 저장, 검색, 처리 등 사람의 지적 활동의 많은 부분을 해낼 수 있기에 생각하는 기계라고 볼 수도 있다. 다만 튜링기계의 기계적 계산은 엄밀히 규정되어 있다. 그것은 일련의 5순 서열에 따른 조작을 뜻하며 각각의 조작들은 분명하다. 반면에 칸트가 파악한 사람의 인식은 직관적으로 파악될 뿐 튜링 기계에서의 계산과 같이 엄밀하게 규정되어 있지 않다. 사람의 인식에서도 튜링 기계에서의 계산과 같이 엄밀하게 규정될 수 있는 것도 있지만, 논리로 파악하기 어려운 상식과 직관에 기반을 둔 것도 많다.

2. 기계학습으로 풀어보는 판단력과 상상력의 수수께끼

튜링기계의 규칙표는 논리식이나 규칙에 따라 엄밀하게 작성되어야 튜링기계를 돌릴 수 있다. 그래서 사람이 규칙표를 만들어 튜링기계에 주입하는 방식으로는 논리나 지식으로 잘 설명되지 않는 상식적이거나 직관적인 사람의 생각과 판단을 담아내기에 역부족이다. 사람 대신에 튜링기계가 데이터 학습을 통해 스스로 규칙표를 찾아가도록 함으로써, 사람이 상식과 직관에 기반을 둔 판단도 기계적 계산(튜링기계)으로 구현할 수 있도록 한 것이 기계학습이다.

사람은 상상력과 판단력을 활용한 도식 기반 판단으로 규칙이나 이론으로 해명되지 않는 상식적이고 일상적인 문제들을 잘 해결한다. 도식 기반 판단에서는 개념이 직접 개별적인 직관의 내용물에 적용되지 않는다. 그 대신 상상력으로 개념에 대응하는 도식을 만들어 이 도식을 직관의 내용물에 적용한다. 시행착오와 학습, 숙달과 연마를 밟는 과정에서 판단력은 도식을 수정해 가며 직관과 개념의 일치, 즉 정확한 판단이 이루어지도록 한다.

이와 같이 도식 기반 판단에서 상상력과 판단력이 중요한 역할을 맡지만 그 배후에는 지성의 규칙 형성과 통합작용이 숨어 있다. 규칙 기반 판단에서는 지성의 규칙이 명시적으로 드러나지만, 도식 기반 판단에서는 규칙이 숨어 있다. 즉 도식의 뒤에는 '숨은 규칙성'이 있다. 기계학습은 이러한 지성의 숨은 규칙성을 포착할 줄 안다.

칸트는 상상력을 '마음속 깊이 숨겨진 기술'이라고 하고, 판단력을 '천부의 재능'이라고 했다. 저자는 '상상력의 마음속 깊이 숨겨진 기술과 판단력의 천부의 재능이 객관화될 수도 있다는 것을 기계학습이 증명했'고 본다. 즉 통계와 확률 등의 수학과 컴퓨터 프로그래밍으로 사람 인식의 숨겨진 기술과 천부의 재능이 포착될 수도 있는 것이다. 감성과 지성의 완벽한 일치를 목표로 하지 않으면 풀 수 있는 문제가 훨씬 많아진다. 학습을 통해 오답률을 줄여나가는 방식으로 판단력을 강화시킨다. 학습한 함수가 틀린 답을 낼 확률을 수학적으로 분석하고 원하는 수준에서 도식의 정확도를 관리하면 된다.

3. '생각하는 나'가 만들어내는 도식인 자아

사람이 오감으로 지각하거나 기억 속에서 끄집어내는 표상들은 시간과 범주라는 형식에 맞추어져 '나는 생각한다'라는 자기의식에 하나로 통합된다. '자아', 즉 자기인식도 기억 속에서 끄집어내는 하나의 경험적 표상으로서 '생각하는 나', 즉 자기의식 속에서 인식된다.

어린아이는 생후 6개월에서 18개월 사이에 거울에 비친 자기의 모습을 보고 자신이라고 믿으며 자아 개념을 형성한다고 한다. 이 무렵에 어린아이의 '생각하는 나'가 파악한 자신의 자아는 어느 순간 머릿속에서 뚜렷하게 그려지는 도식 기반 판단의 결과물일 것이다. 어린아이가 성장하면서 머릿속에서 그려내는 자아의 모습은 조금씩 변하겠지만, 자아라는 개념에 대응하는 도식의 동일성은 유지된다. 왜냐하면 자기 모습에 해당하는 도식은 상상력이 그리지만, 그 배후에는 지성의 통일작용, 즉 '생각하는 나'의 작용이 있기 때문이다. 자아는 시간 중에 있고 항상 변하지만, 생각하는 나는 시간 속에서 일어나는 것을 종합하는 활동이다. 시간에 의해 쪼개진 채로 생각하는 나와 자아는 단일한 주체 안에 함께 엮여 있다.

자아 인식은 도식 기반 판단에 해당하므로, 기계학습의 방식으로 자아를 만들어 낼 가능성도 있다. 그것이 가능하다면 '생각하는 나'를 어떻게 프로그램으로 구현할지, '생각하는 나'와 자아를 어떻게 단일한 주체 안에 담을지도 해결해야 할 문제로 보인다.

4. 사람의 자유의지 실현과 AI 자율성의 한계

AI를 활용해 데이터를 수집하고 분석하는 것은 지성이 주도하는 사변 영역에 속한다. 그 분석 결과를 토대로 의사결정을 하는 것은 이성이 주도하는 실천 영역에 속한다. AI에게 조력자 또는 협력자로서의 자율성이 주어질 수 있다. 그러나 AI에 의사결정을 미루거나 맡기게 되면, 사변 영역과 실천 영역 사이에 있는 광대한 심연을 침범하는 것이 된다. AI가 있는 자연법칙 세계가 사람이 있는 자유 법칙 세계로 넘어오는 것이 된다. AI에는 사변적 영역에 영향을 미칠 수 있는 자유의지나 이성이 없다. 사람이 최종적인 정책이나 의사 결정의 주체로서 자유의지와 이성으로 추구하는 바를 실천하여야 한다. 의사 결정과 그에 따른 실행이라는 사람의 이성적 행위에 있어, 실용법칙과 도덕법칙이 추구하는 바는 다르다. 칸트에 의하면 실용법칙은 자연법칙의 영향 아래 있으나, 도덕법칙은 자유법칙에 근거한다.

5. AI가 숨어 있는 형식적 합목적성, 미감적 이념을 포착할 수 있는지

미적 영역의 보편성은 객관적 개념이 아니라 형식적인 합목적성에 근거한다. 상상력과 지성의 자유로운 유희의 마음 상태가 개념이 아닌 감각에 실려 보편적으로 전달된다. 형식적 합목적성과 미감적 이념은 예술작품 속에서 겉으로 그 정체를 드러내지 않는다. 그 깊이와 통일성은 말로도 표현할 수 없고 감각적으로 전달된다. 형식적 합목적성과 미감적 이념은 마음속에서 심상으로 나타날 뿐이고, 객관적 도식으로 그려지지 않는다. 감각들이 통일될 때 느껴지는 리듬을 기계학습의 통계와 확률로 계산해 낼 수 있을지는 결론을 내리기 쉽지 않다. AI에 의해 우연히 형식적 합목적성이 담긴 형상이나 선율이 만들어질 수는 있다. 그렇지만 AI가 학습으로 알아차리고 만들에 내는 것은 아닐 것이다. 예술가가 AI를 작품 창작에 활용할 수 있지만, 예술적 감수성을 포착하고 표현하는 것은 예술가의 몫이다.

참고문헌

📖

[단행본]

임마누엘 칸트, 『순수이성비판』, 최재희 역, 박영사 2019 보정판

임마누엘 칸트, 『실천이성비판』, 백종현 역, 아카넷 2019 개정2판

임마누엘 칸트, 『판단력비판』, 백종현 역, 아카넷 2009

질 들뢰즈, 『칸트의 비판철학』, 서동욱 역, 민음사 2006

질 들뢰즈, 『감각의 논리』, 하태환 역, 민음사 2008

오트프리트 회페, 『임마누엘 칸트』, 이상헌 역, 문예출판사 2012

한자경, 『칸트철학에의 초대』, 서광사 2006

김상환, 『왜 칸트인가』, 21세기북스 2022

이명휘, 『유교와 칸트』, 김기주, 이기훈 역, 예문서원 2012

박영욱, 『데리다&들뢰즈, 의미와 무의미의 경계에서』, 김영사 2009

레슬리 밸리언트, 『기계학습을 다시 묻다(Probably Approximately Correct)』,
　　이광근 역, 인사이트 2021

이광근, 『컴퓨터과학이 여는 세계』, 인사이트 2015

박정일, 『튜링&괴델, 추상적 사유의 위대한 힘』, 김영사 2010

이중원 등 9인 공저, 『인공지능의 존재론』, 한울아카데미 2018

사이토 고키, 『밑바닥부터 시작하는 딥러닝』, 개앞맵시 역, 한빛미디어 2017

박해선, 『혼자 공부하는 머신러닝＋딥러닝』, 한빛미디어 2020

미츠무라 나오키, 『그림으로 배우는 AI』, 양성건 역, 영진닷컴 2023

스티븐 울프럼, 『스티븐 울프럼의 챗GPT강의』, 박해선 역, 한빛미디어 2023

오일석, 『기계학습』, 한빛아카데미 2017

리사 펠드먼 배럿, 『이토록 뜻밖의 뇌과학(Seven and a Half Lessons about the Brain)』, 변지영 역, 더퀘스트 2021

마크 코켈버그, 『AI 윤리에 대한 모든 것』, 신상규, 석기용 역, 아카넷 2023

닉 보스트롬 등 5인 공저, 『기계는 어떻게 생각하고 학습하는가』, 김정민 역, 한빛미디어 2018

김대식 등 5인 공저, 『생성 예술의 시대』, 동아시아 2023

[논문]

이소희, 「칸트 미학에서 본 인공지능의 예술적 주체로서의 가능성」, 『시민인문학』 제37호 2019

김전희, 김진엽, 「인공지능 시대의 예술 창작: 들뢰즈의 예술론을 중심으로」, 『예술과 미디어』 19권 2호 2020

김전희, 「인공지능 그림의 예술성」, 『미학예술학연구』 제63집 2021

김영례, 「AI 시대에 있어서 인간에 대한 철학적 성찰 —칸트의 인간학과 뇌과학의 사이에서—」, 『2016년도 선정 시간강사연구지원사업 결과보고서』

박수범, 「칸트 인식론에서 규정적 판단력과 반성적 판단력의 관계」, 『2015년도 선정 시간강사연구지원사업 결과보고서』

조인숙, 강현석, 「브루너의 내러티브 이론의 특징과 시사점 탐구」, 『내러티브와 교육연구 2013』

송민경, 「난해한 사안에서의 법적 판단에 관한 연구 — 법의 공간적 재현과 반성적 추론의 시론」 저스티스 통권 제178호(2020)

Google Deepmind, 「Levels of AGI: Operationalizing Progress on the Path to AGI」, 2023. 11. — https:// export.arxiv.org/pdf/2311.02462(2024. 1.

8. 접속)

Ian J. Goodfellow 등, 「Generative Adversarial Nets」, 2014. 6. − https://
arxiv.org/pdf/1406.2661.pdf(2024. 1. 8. 접속)

Aditya Ramesh 등, 「Hierarchical Text−Conditional Image Generation with
CLIP Latents」, 2022. 4. − https:// arxiv.org/pdf/2204.06125.pdf(2024. 1.
8. 접속)

[칼럼, 기사]

이현경, 「AI미술, 예술적 가치 없어…창의성과 생성성은 달라」, 뉴스핌 2023.
5. 24., − https://www.newspim.com/news/view/20230524000878 (2023.
12. 23. 접속)

LG이노텍, 「AI가 그림, 음악, 문학 작품을 만드는 시대가 온다? AI 예술의 세
계」, LG이노텍newsroom, 2022. 6. 20. − https:// news.lginnotek.com/11
94 (2023. 12. 23. 접속)

김경미, 「인공지능 넘어 인공감정…예술가 AI에 꽂힌 빅테크」, 중앙일보 2022.
9. 7. − https:// www.joongang.co.kr/article/25100148#home(2023. 12.
23. 접속)

도재기, 「인공지능이 그린 그림, 예술인가 기술인가」, 경향신문 2020. 5. 22.
− https:// m.khan.co.kr/culture/art−architecture/article/ 2020052216050
05#c2b(2023. 12. 23. 접속)

홍성욱, 「AI와 예술」, 조선일보 2023. 10. 24. − https://www.chosun.com /
opinion/specialist_column/2023/10/24/RSA7YKUXBZHUTGQ3C56GAN3
KZ4(2023.12.23. 접속)

소종섭, 김윤진, 「세계 최초의 '인공지능' 로봇예술가 에이다」, 아시아경제 20

22. 10. 13. — https:// www.asiae.co.kr/article/2022101310292355400(2024. 1. 1. 접속)

윤여선, 「AI가 예술가를 대체? 예술가의 도구 될 수도」, 주간경향 1519호 202 3. 3. 20. — https:// weekly.khan.co.kr/khnm.html?mode=view&code =116&art_id=202303101113241(2023. 12. 23. 접속)

천상현, 「챗GPT·AI 시대의 예술작품, 창작물로 인정받을 수 있을까」, 한국대 학신문, 2023. 4. 26. — https:// news.unn.net/news/articleView.html?idx no=545592(2023. 12. 23. 접속)

김인한, 「챗GPT가 사람보다 낫다…타인 감정이해, 인간보다 '우월'」, 머니투 데이, 2023. 5. 22. — https:// news.mt.co.kr/mtview.php?no=202305221 3304439470 (2024. 1. 3. 접속)

장준혁, 「새로운 AI 기술 GAN」, 삼성SDS 인사이트 리포트 〈외부기고〉 2018. 8. 7/8. 28. — https:// www.samsungsds.com/global/ko/support/insights /Generative−adversarial−network−AI−3.html(2024. 1. 15. 접속)

김상현

학력
서울대학교 법학과 졸업
서울대학교 융합과학기술대학원 수리정보과학과 이학 석사
정보, IT 분야 공인전문검사
석사학위 논문: 동형암호를 이용한 프라이버시 보존 데이터 분석의 법제도적 문제

경력
창원지방검찰청 진주지청장
서울서부지방검찰청 형사1부장검사

칸트와 AI의 만남

초판발행	2024년 6월 15일
지은이	김상현
펴낸이	안종만·안상준
편 집	전채린
기획/마케팅	정연환
표지디자인	Ben Story
제 작	고철민·조영환
펴낸곳	(주)**박영사**
	서울특별시 금천구 가산디지털2로 53, 210호(가산동, 한라시그마밸리)
	등록 1959. 3. 11. 제300-1959-1호(倫)
전 화	02)733-6771
f a x	02)736-4818
e-mail	pys@pybook.co.kr
homepage	www.pybook.co.kr
ISBN	979-11-303-2032-8 93190

정 가   17,000원